SABER VENDER
PARA
VENDER MÁS

autoayuda y superación

Serge Coureau

SABER VENDER PARA VENDER MÁS

grijalbo

Título original
SAVOIR VENDRE POUR VENDRE PLUS
Traducido por
ALBERT OLLÉ
de la 1.ª edición de Dunod, París, 1986

Primera edición

ISBN: 84-253-1962-5
Depósito legal: B. 35.342-1987
Impreso en Diagràfic, S.A., Constitució, 19, Barcelona

Dedico este libro a Eliane, mi mujer,
y a la memoria de mi abuelo, en testimonio
de profundo afecto y gratitud.

Índice

Segunda parte

Las principales fases del desarrollo de la venta

Prólogo

La inteligencia es la capacidad de perfeccionamiento.

El tema de la venta ha suscitado muchos libros, a veces excelentes. Hay infinidad de sociedades de formación y asesoramiento. Sin embargo, cuando algunos de mis colaboradores me pedían que les recomendase un tratado de venta que fuera al mismo tiempo preciso, completo, sin resultar indigesto, que tratase las principales fases del desarrollo de la venta sin dejar por ello de tener en cuenta la evolución del marketing moderno y de los sistemas para resolver los problemas de comunicación entre los individuos, confieso que más de una vez me quedé perplejo. Los manuales de venta práctica no abundan. Siendo como soy un hombre de acción, avezado a las modernas técnicas de comunicación, he querido hacer un libro que fuera antes que nada una herramienta práctica y eficaz. He intentado extraer lo esencial de lo que hay que saber para ser un verdadero profesional de la venta. Me he preocupado por analizar de una forma concreta las relaciones vendedor-producto-cliente, que están en constante evolución. He suprimido lo superficial para conservar únicamente las técnicas que han pasado las pruebas del tiempo. Me ha parecido imprescindible elegir la vía de la concisión, del equilibrio y de la mesura: «El árbol no pone todos sus frutos en la misma rama».

El oficio de vendedor puede aportar alegrías incomparables, porque está centrado en la comunicación humana. Se enriquece con corrientes diversas en las que se mezclan lo objetivo y lo subjetivo. Tenemos todos en nuestro interior recursos insospechados que podemos potenciar para ponerlos al servicio del saber y de la competencia profesional. Las reglas esenciales para vender le ayudarán ampliamente a tejer los hilos de su propia obra. Su personalidad, su experiencia, su carácter, su formación, son los valores intrínsecos que cuentan de verdad a la hora de conseguir la decisión de compra. Aliméntelos con perseverancia, con valor, con ganas, y cada día su espejo le ofrecerá la imagen de un vendedor que vende.

Primera parte

Lo que hay que saber para vender mejor

Capítulo 1
Desarrolle su personalidad de vendedor

Nociones generales

La personalidad es en cada hombre aquello que lo diferencia de sus semejantes. Este conjunto de facultades recibidas por el juego de la herencia o adquiridas, la personalidad, no es nunca estática: se cultiva como la tierra.

Con sus defectos, sus aptitudes, sus cualidades, usted es un hombre o una mujer en continua evolución. A lo largo de su vida, su personalidad se desarrollará sobre todo gracias a tres factores:

— la voluntad;
— el dominio de sí mismo;
— el trabajo.

Todo buen vendedor debe tener como objetivo utilizar al máximo su personalidad para saber persuadir, mantener el control de las situaciones más difíciles y vender más. Aquí quisiera abrir un paréntesis: en situación de venta usted será juzgado (casi siempre muy rápidamente) a través de su personalidad exterior y la manera como se comporte usted de entrada condicionará el éxito o el fracaso de su empresa. Aquí «el hábito hace al monje».

Usted no puede cambiar la mentalidad de la gente, de la misma forma que no puede evitar que le juzguen por su apariencia y de una manera superficial (sobre todo en caso de ventas ocasionales); evite pues desentonar y, antes que nada, cuide su aspecto exterior.

Intente adaptar su personalidad a su actividad personal. Si sabe armonizar lo mejor posible su personalidad exterior con el objeto que vende, sin que ello menoscabe su yo profundo, conseguirá crear un clima lleno de simpatía y de confianza que resultará una baza preciosa para el éxito de su venta.

Haga suyo el principio de Sócrates: «Conócete a ti mismo». Porque si usted desea realmente perfeccionarse es indispensable que se conozca mejor. Su personalidad ganará en brillantez, en fuerza, en seducción. Para llegar a este resultado sólo existe un método: haga inventario de sus cualidades y de sus puntos débiles y no sea usted indulgente consigo mismo. Antes de establecer imparcialmente este inventario, es indispensable conocer el catálogo de las aptitudes requeridas para llegar a ser un buen vendedor.

La voluntad

Ante todo hay que distinguir entre aquellos o aquellas con voluntad ocasional (es la propia de los perezosos) y los que cultivan su voluntad, que dan muestras de constancia en el esfuerzo, sobre todo cuando se encuentran enfrentados a situaciones delicadas o incluso desagradables. En realidad uno puede realizar cualquier cosa en esta vida a condición de poner en ello el empeño suficiente.

La sociabilidad

El hombre está determinado (iba a decir programado) para vivir en sociedad. Ser sociable es reconocido por los demás como alguien simpático, manifestar interés por los otros, es dar prueba de estima hacia sus semejantes. En la medida en que seamos sociables, los demás nos comprenderán mejor y, sobre todo, inspiraremos confianza.

La actividad

El oficio de vendedor precisa de una actividad sostenida. No hay lugar en la venta para los perezosos, para aquellos a los que hay que empujar para que actúen. El filósofo francés Henri Bergson decía que la acción es una necesidad, pero cuidado: ser activo no tiene por qué significar que uno resulte desbordado por su actividad. Hay que saber —o al menos aprender— a domesticar el tiempo y para ello hay que ser metódico, riguroso en la organización del propio trabajo. Ésta es la condición *sine qua non* para que la actividad produzca sus frutos.

La memoria

No todo el mundo tiene la suerte de tener una memoria excelente, pero ésta se puede cultivar. Antes de intentar retener algo, hay que comprenderlo, observarlo minuciosamente, proceder por asociación de ideas, utilizar métodos mnemotécnicos o repetir las cosas con gran atención.

El dominio de sí mismo

El éxito no dejará de sonreír a quien sepa evitar dejarse llevar por la emoción o la ira. Tomemos las decisiones con calma, expresémonos con convicción y determinación, sabiendo que nuestros valores personales no podrán expresarse realmente si no somos capaces de conservar la sangre fría en cualquier ocasión. Entrénese a combatir sus excesos de emotividad, así como sus pulsiones agresivas. ¿Cómo vamos a dominar según qué situaciones, si somos incapaces de dominarnos a nosotros mismos?

La imaginación

Bienaventurados los vendedores que tienen la capacidad de evocar, de construir imágenes mediante el pensamiento, porque tendrán muchas más posibilidades de ser comprendidos. La imaginación controlada, sin desbocarse, crea, sugiere, cristaliza los argumentos y los razonamientos. Einstein decía que la imaginación es más importante que la voluntad, y, sin duda, esta facultad, de la que hablaremos en otro capítulo, tiene un papel primordial en nuestra existencia.

El juicio

Conviene tener buen juicio. El «sentido común», por desgracia, es la cosa peor repartida del mundo. Procuremos discernir apropiadamente, apreciar con perspicacia, decidir en el momento oportuno, evaluar de modo inteligente. Un buen juicio es muchas veces una mezcla acertada de la razón y de la intuición.

Esfuércese al máximo para progresar por la vía de estas siete aptitudes. Califíquese usted de 1 a 10 en cada una de ellas y después proceda por etapas: dedíquese prioritariamente a aquella en la que tenga peor nota y tome la resolución de mejorarla durante una semana, por ejemplo. Haga cada noche un balance sincero y fíjese objetivos concretos para el próximo día. A la semana siguiente empréndala con otra aptitud que tenga que mejorar y siga así con las demás. Intente perfeccionarse incluso en las aptitudes en las que tenga buena puntuación y al final quedará gratamente sorprendido por los progresos realizados. Cuando este trabajo serio y difícil pero indispensable haya sido realizado, podrá abordar los sistemas necesarios para exteriorizar su personalidad.

De entrada, tiene que dar una impresión favorable. Esto es absolutamente indispensable, porque lo van a juzgar a usted a varios metros de distancia y, por desgracia, en general de una manera definitiva. Nada de ropa extravagante o demasiado llamativa. Debe llevar la ropa limpia, pulcra, elegante si es posible. Evite las combinaciones de colores de mal gusto. Prefiera la sobriedad a lo vistoso. Evidentemente la limpieza no debe reducirse a su ropa, también la cara debe aparecer aseada, el pelo bien cuidado, las manos (herramientas privilegiadas para las demostraciones y elemento imprescindible para sostener y concretar sus argumentaciones) deben estar perfectamente cuidadas, con las uñas cortas para los hombres. Evite los anillos demasiado vistosos, así como las pulseras ostentosas. En general busque el punto intermedio de la elegancia de buen tono, lejos de la extravagancia y el desaliño, de ese modo producirá «buena impresión» y la gente le mirará con consideración, a veces incluso con respeto. En cualquier caso procure sobre todo que su aspecto inspire confianza.

Exteriorizar la personalidad es, ante todo, tratar de mejorar el uso de sus «herramientas» privilegiadas de trabajo, a saber:

— la voz;
— el lenguaje;
— las expresiones corporales (sonrisa, mirada).

La voz

Su voz activa automáticamente en su cliente una serie de reacciones psicológicas, a veces conscientes, pero por lo general inconscientes. Su voz produce una resonancia emotiva en la sensibilidad de la persona que tiene enfrente. Un buen actor puede jugar con su voz del mismo modo que un pianista lo hace con el teclado. Hay voces que venden, con todo lo que ello supone. Sin embargo, conviene que sepa usted lo siguiente:

— una voz de tono alto, aguda, provoca agresividad;
— una voz discordante provoca irritabilidad;
— una voz nasal presupone una actitud pretenciosa;
— una voz entrecortada provoca la contradicción;
— una voz cortante, seca, sugiere frialdad e insensibilidad;

— una voz demasiado baja puede inducir a la tristeza.

En cambio, una voz cálida, bien timbrada, tiene muchas posibilidades de tranquilizar a su interlocutor. Del mismo modo, una voz suave y tranquila genera amistad, incluso indulgencia. Le aconsejo que grabe su voz en un magnetófono. Le resultará facilísimo analizarla, porque le parecerá la de un desconocido. Nos escuchamos al hablar, pero no nos oímos.

Determine el registro en el que se sitúa su voz y establezca un plan de trabajo, porque una voz puede trabajarse. Empiece por eliminar las imperfecciones más chocantes a base de repetir un texto bastante corto (un poema, por ejemplo) hasta la perfección, teniendo en cuenta, evidentemente, que no se trata en absoluto de modificar su voz en su misma esencia, en su naturaleza profunda. Se puede conservar muy bien la personalidad de una voz modificando la forma de articular y de encadenar las palabras y las frases. Además, muchas veces lo que conviene rectificar es el ritmo de una voz, su velocidad. Haga un test en el magnetófono: una velocidad correcta supone unas 150 palabras por minuto. Algunos vendedores tienen tendencia a hablar demasiado despacio, buscando la palabra, o intercalando en las frases unos «eeeeh... eeeeh...» de muy mal efecto. Otros hablan como una ametralladora y desgraciadamente nunca dan en el blanco, ya que el cliente no puede seguirlos... En general, evite los ritmos entrecortados, así como los monótonos, varíe el ritmo de su voz, imprímale relieve.

Cuando el ritmo de su voz resulte más armonioso podrá tratar de acercarse a los arquetipos de voz que venden:

— una voz plena, tranquila, suave, le ayudará a sosegar a su interlocutor;

— una voz bien timbrada, con notas de entusiasmo, le ayudará a dar más fuerza a su argumentación, a persuadir mejor.

El lenguaje

Ciertamente, es el principal medio de expresión de su personalidad; las palabras que usted emplea provocan reacciones, procure que éstas sean positivas.

Las ideas que va a expresar deben ser convincentes y para ello debe transmitirlas mediante palabras elegidas por su capacidad de evocación, su vocabulario debe ser rico, original. Sus principales argumentos, así como sus ideas clave deben ser utilizados varias veces durante la discusión, por ello se verá usted obligado a expresarlos con palabras diferentes. Evite el escollo de la vulgaridad. ¡Cuántos vendedores abusan de palabras desgastadas, vulgares, de frases hechas, de tópicos y de clichés!

Enriquezca su vocabulario. — Aprenda una palabra nueva cada día. Ponga un diccionario en su mesita de noche y aprenda una palabra nueva cada mañana. Al cabo de un año quedará gratamente sorprendido por el resultado obtenido.

Utilice un lenguaje lleno de imágenes. — Una imagen vale más que mil palabras. La imagen es el pasaporte de la comprensión. Su interlocutor comprenderá sin esfuerzo lo que usted le dice en la medida en que visualice sus términos, ya que la imagen queda impresa en su cerebro como una fotografía. Además, por si esto fuera poco, recordará durante mucho más tiempo lo que usted le ha querido decir.

Evite utilizar palabras comodín. — Destierre de su vocabulario las palabras desgastadas, demasiado vagas, busque palabras precisas, claras, originales, palabras «en movimiento» que despiertan la inteligencia, que se ciñen mejor a la acción. También en este caso el diccionario resulta un auxiliar valioso.

Los sinónimos de algunas palabras resultan más evocadores que las mismas palabras. Ahí van unos cuantos ejemplos:

— *le gusta* tiene como sinónimos: le encanta, le fascina, le entusiasma;

— *marcharse* tiene como sinónimos: huir, esfumarse, eclipsarse, desaparecer;

— *caminar* tiene como sinónimos: pasearse, deambular, errar;

— *comer* tiene como sinónimos: alimentarse, deglutir, devorar, degustar.

Se podrían multiplicar los ejemplos infinitamente.

Utilice un lenguaje adaptado a la personalidad de su cliente. — No es necesario tener un sentido de la psicología especialmente agudo para darse cuenta, incluso antes de entablar el diálogo, del talante de su interlocutor. Para evitar cualquier malentendido, que podría provocar una reacción de oposición o de desinterés, no utilice un lenguaje preciosista, complicado, o demasiado técnico. Exprésese con claridad y precisión y automáticamente le entenderán.

QUÉ HACER PARA REALZAR SUS EXPRESIONES DE ESTILO

Defina el papel de los actores

Debe situar a su cliente en el centro del debate. Están ustedes representando una obra de la que él es el protagonista. La acción debe centrarse en él. Muchos vendedores tienen tendencia a considerarse como el personaje principal y abusan de los «yo hago tal cosa», «yo pienso tal otra», «mire, yo...», «mi sociedad...».

Lo único que conseguirá con ello es que su interlocutor «desconecte». Hay que actuar al revés, evocar sus problemas, los del cliente, se entiende, procurar que él mismo descubra las ventajas del producto que le está usted vendiendo.

Hable en presente

Hay que evitar absolutamente expresarse en condicional. El uso del tiempo presente coloca a su cliente potencial en una posición de cliente real y tiene la ventaja de dar mucha más fuerza a sus argumentos, porque su cliente se encuentra en situación de compra. Su mente percibe, imagina mejor sus argumentos, con lo cual tendrá muchas más dificultades para salirse del círculo y contrarrestar sus ideas-clave. El presente evita que la duda planee en la mente de su interlocutor.

No diga: «Si estuviera usted al volante de este coche...», sino «Está usted al volante de este coche...».

Lo que hay que evitar

No utilice palabras que minimicen su argumentación: evite los términos «pequeño», «un poco», «un poquito». Nunca diga «vamos a discutir un poquito», o «intentemos resolver este pequeño asunto».

No se disculpe a menos que haya cometido un patinazo evidente o una incorrección. En general, debe afirmarse frente a su cliente. No debilite su personalidad con expresiones del tipo: «Discúlpeme usted si...» o «Le ruego me perdone por...».

Evite utilizar palabras «desastrosas»: algunas evocan ideas desagradables y el que las escucha puede verse llevado a adoptar actitudes negativas o incluso hostiles durante las discusiones. No diga:

— «No se preocupe»
— «No ha de tener miedo de...»
— «No se inquiete por ello...»
— «No tendrá ningún tipo de problema si...»
— «A la mínima dificultad...»
— «Esta posibilidad no entraña ningún peligro...»
— «Se acabaron los inconvenientes...»

No utilice expresiones negativas del tipo:

— ¿No cree usted que...?
— ¿No le parece que...?
— ¿No opina que...?

Estas expresiones no hacen más que desnaturalizar sus argumentos, y en cualquier caso no hacen progresar la acción.

Evite las expresiones *boomerang*. Son los términos asestados secamente a la cara de su cliente, que sólo conseguirían provocarle reacciones negativas, reacciones legítimas de defensa por parte de alguien que se siente agredido. No diga:

— «No estoy de acuerdo...»
— «Se equivoca usted...»
— «¡Qué va!»
— «Esto que dice no es verdad...»

— «¡No es eso!»
— «¡No!»

Cómo idealizar sus expresiones corporales

La sonrisa

Ninguna expresión del rostro es más importante que la sonrisa. Sin embargo, es fundamental que la sonrisa sea natural y espontánea. Su sonrisa es su pasaporte. Significa: «Me cae usted bien, me encanta haberlo encontrado, hablar con usted». Y, sobre todo, no olvide esto: si encuentra a su cliente simpático, él encontrará que *usted* es realmente simpático.

Ser una persona que sonríe por naturaleza significa crear de entrada un clima propicio a la conclusión de la venta, porque si usted utiliza esta llave, un rostro radiante y amable, abrirá la puerta que lleva a una discusión franca y cordial. La sonrisa provoca la sonrisa.

Pero por favor, no finja con una falsa sonrisa, porque en este caso no le saldría más que una «seudomueca comercial» de muy mal efecto. No hay fórmulas: la sonrisa sincera que florece en su rostro debe ser el reflejo de un auténtico bienestar interno.

Tendrá que utilizar sobre todo su «aspecto sonriente» en la toma de contacto, o al principio de la conversación. Efectivamente, aunque a lo largo de la argumentación es aconsejable adornar un diálogo con sonrisas en determinados momentos, no por ello debe dejar de mostrar seriedad y competencia. Un buen vendedor es capaz de alternar con mesura un «aspecto serio» y un «aspecto sonriente» según los argumentos que plantee o las objeciones que se le opongan. Esta dosificación adecuada permite con toda seguridad ser reconocido como un vendedor simpático y digno de crédito, digno de interés y de consideración. Procure no olvidarlo: las expresiones de su rostro son tan necesarias para concluir positivamente una venta como sus argumentos más impactantes.

La mirada

No hay que descuidar el papel que juega entre las diversas expresiones de su personalidad. La mirada es sin duda la mejor manera de exteriorizar su sinceridad; por mucho que ésta se encuentre en el corazón, se refleja en sus ojos.

Una regla de oro: fije su mirada directamente en los ojos de su interlocutor. Obsérvese a sí mismo: si cuando conversa con alguien tiene tendencia a desviar su mirada a derecha o izquierda, a clavarla en el suelo, o incluso en el techo, dicho de otro modo, si tiene una mirada huidiza, debe combatir esa mala costumbre inmediatamente. Entrénese para conseguir una mirada discreta. Al comenzar una conversación, una mirada franca y discreta expresa un sentimiento de sinceridad, mientras que a lo largo de la argumentación o de la demostración el hecho de mirar a su cliente a los ojos le permitirá captar y mantener su atención.

Los gestos

Es frecuente observar en los demás ciertos gestos involuntarios, tics o manías que en general no tienen mayor importancia, salvo que se trate precisamente de un vendedor, ya que muchas veces son consecuencia de una falta de confianza en sí mismo y, en tal caso, hay que combatirlos.

El primer paso es observarse atentamente sin indulgencia:

— ¿Tiene usted la costumbre de hacerse crujir las articulaciones de los dedos?
— ¿Se balancea ocasionalmente en la silla o sillón a un ritmo regular?
— ¿Se toquetea algún mechón de pelo?
— ¿Saca la lengua mientras realiza un trabajo delicado?
— ¿Juega con su bolígrafo?
— ¿Dibuja usted maquinalmente en una hoja de papel mientras habla por teléfono?

La lista no es exhaustiva, desde luego, pero si usted comprueba que tiene cualquiera de esas manías (le aconsejo que pregunte a sus allegados si le han observado algún tic) no le resultará fácil librarse de ella, pero le garantizo el éxito si procede de la siguiente manera: en cuanto observe el gesto en cuestión, ¡deténgase! Conciénciese a fondo y repita el mismo gesto. Su mente transmitirá esta vez una orden consciente que poco a poco irá imponiéndose sobre su inconsciente. Al cabo de tres o cuatro veces habrá vencido definitivamente esa mala costumbre.

Cuando haya resuelto ese problema, deberá entrenarse para que sus gestos sean precisos, tranquilos, naturales, vivos. Evite los movimientos bruscos, entrecortados o exagerados.

Cuando tenga que hacer una demostración o subrayar un argumento, procure que sus gestos expresen su personalidad profunda. Un gesto armonioso y coherente es un arma de venta de primer orden. Piense en el poder sugestivo que llegan a tener los niños.

Unas palabras respecto al apretón de manos. Evite ofrecerle a su cliente una mano blanda, pero tampoco le apriete las falanges efusivamente. El apretón de manos ha de ser franco, firme, cordial. Sea usted el primero en ofrecer la mano, excepto en circunstancias especiales, por ejemplo, si se encuentra usted frente a una mujer que conozca las reglas de urbanidad.

Para concluir este capítulo, abordaré ahora el estudio de dos cualidades fundamentales o, mejor dicho, de dos estados de ánimo, que son los auténticos motores de la acción de vender, sin las cuales un vendedor puede despedirse del éxito profesional. Me refiero a *la fe* y *el entusiasmo*.

La fe

«La fe mueve montañas.» «Sólo la fe salva.» «Ser de buena fe.» Cuando se evoca la fe, viene inmediatamente a la mente una infinidad de frases que expresan el compromiso, el testimonio, la rectitud, la lealtad, la franqueza, la honestidad, la sinceridad. Dejando aparte la creencia puramente religiosa, el vendedor que tiene fe —o convicción— en sus posibilidades, en su producto o por descontado en la firma que lo emplea, posee un potencial, una tal fuerza moral que indefectiblemente ha de provocar en los demás este preciado bien que, como todos los auténticos valores, no se puede comprar; me refiero a la confianza.

La fe contiene en sí misma el germen de la acción. La fe provoca la acción y si el acto de vender no está apoyado en la fe, pierde su esencia misma, su substancia interna, la que le da su pleno significado.

¿Cuántos hombres tienen fe en lo que hacen? Haga de la fe su eterna compañera y dejará por otros la monotonía, el aburrimiento, el desánimo, el cansancio. Haga de la fe su eterna compañera y venderá mejor.

Se verá libre de la duda, que limita sus posibilidades y obstaculiza la acción, si su fe va relacionada al conocimiento. La fe no quiebra las imaginaciones creativas, al contrario, las vivifica porque es una fuerza en movimiento, un impulso positivo que todo lo embellece.

El entusiasmo

Si una hada con poderes premonitorios se hubiera inclinado sobre su cuna de futuro vendedor y hubiera querido concederle un único don, ojalá hubiera elegido concederle el bien más precioso, aquél sin el cual no hay éxito posible: el entusiasmo.

El entusiasmo, esa emoción interna que impulsa a la acción, que dinamiza, trasciende en sus actos y en sus palabras; el entusiasmo, ese dios interior que conduce a todas partes, le llevará al éxito porque es el primogénito de la fe. No dude ni un momento de su eficacia.

El entusiasmo es una fuerza dinámica que le transfigura y al mismo tiempo actúa sobre su interlocutor, que sucumbirá ante la fe y la seguridad que emanan de usted. Es evidente que la alegría que irradia su rostro no es fingida, el fervor que le anima demuestra que está usted convencido de la calidad del producto que está vendiendo y que está impaciente por compartir la íntima convicción que le embarga.

El entusiasmo es una reacción primaria, se dirige al corazón y no a la mente, para expresarse no necesita utilizar las vías indirectas de la razón, es el soporte de lo más auténtico que hay en usted, la emanación de su auténtica personalidad.

Ponga entusiasmo en sus gestos, en sus palabras, añádale la voluntad, la sinceridad y el arte de convencer y se saldrá del pelotón de los vendedores mediocres para entrar en el club de los grandes vendedores. ¿Quiere hacerlo?

2

Una estrategia adaptada a cada tipo de cliente

Va usted a encontrarse con una gran variedad de tipos de cliente, pero me ha parecido oportuno esbozar un retrato de ciertas personalidades fundamentales que hay que saber captar perfectamente, si quiere abordarlas con el máximo de posibilidades de éxito.

El volcánico

El caballero exhibe su apostura, a lomos de su montura. Cientos de miradas admirativas están pendientes de él. Justo cuando iba a lanzarse para realizar un recorrido perfecto, sin errores, su caballo se encabrita y ¡zas! El jinete que unos segundos antes acariciaba la posibilidad de la victoria, acaba de morder el polvo. ¡Qué cruel decepción! He elegido este ejemplo exprofeso, porque ilustra la sensación de derrota que puede apoderarse del joven vendedor frente a un tipo de cliente «volcánico», corre el peligro de quedar moralmente hundido. Póngase en su lugar: llega confiado, lleno de esperanza, y se encuentra frente a un cliente que le habla a gritos, que no le deja deslizar una palabra. Aulla, vocifera, se pone hecho una fiera: «¡no necesito nada! ¡no puedo perder el tiempo! ¡no quiero ni oírle hablar de nada!». De hecho, y la experiencia le demostrará lo bien fundado de mis palabras, ese tipo de cliente no resulta difícil de convencer, al contrario. Esa actitud demuestra que se siente frágil y teme dejarse «engatusar» por un representante astuto. Al no estar seguro de sí mismo, tiene una reacción «epidérmica» que le protege y que resulta tanto más violenta cuanto más precarias sean sus posibilidades reales de defensa.

No se deje llevar por el pánico, éste es el momento ideal, el «ahora o nunca» para dar prueba del dominio de sí mismo. Primero, deje que pase la tormenta, no pronuncie palabra y procure que su rostro permanezca impasible, mire a su cliente con atención sin manifestar la mínima sorpresa frente a su reacción intempestiva. Es probable que ante esta actitud suya, pueda usted comprobar que la hostilidad de su cliente se va haciendo menos evidente, poco a poco el fuego de la agresividad se pondrá a vacilar y se apagará en el mejor de los casos. Debe aprovechar ese momento propicio para pasar al contrataque. En el plano puramente psicológico, ya ha tomado usted ventaja, al haber realizado lo que en judo se llama «una llave de desequilibrio». Conviene ahora acelerar ese desequilibrio, dejando caer estas palabras: «¿Acaso le he dicho que quería venderle algo?». Aproveche la indecisión que no dejará de apoderarse de su interlocutor para añadir: «Se trata de un malentendido. Me han informado de que usted era especialmente competente y su consejo me resultaría muy valioso, por eso me he permitido pedirle su opinión sobre este punto...». Ha de haberse preparado el tema con anterioridad y tener previstos dos o tres argumentos relacionados con la originalidad de su producto.

En ese punto de la conversación, su cliente, que tiene mala conciencia y quiere hacerse perdonar la metedura de pata, aceptará probablemente contestar a sus preguntas. En la medida en que usted consiga, primero, fijar su atención sobre un punto preciso, y en un segundo tiempo interesarle en las soluciones que le propone, insensiblemente y de una manera natural, podrá ir introduciendo sus argumentos de venta evitando cualquier alusión a los problemas del inicio de la conversación. Estos momentos en que se siente que el deseo de comprar se va haciendo real, resultan embriagadores, se tiene la sensación de que los dioses de la venta van a inclinar la balanza a favor de uno. Vaya con cuidado, éste es justo el momento en que tiene que hacer gala de mucha sangre fría: reprima la violenta tentación de querer concluir demasiado pronto. Conserve el dominio de la situación, no cante victoria, pero le repito una vez más: siguiendo estos pasos, en la mayoría de los casos conseguirá una venta que parecía perdida de antemano. Si usted se encuentra excepcionalmente con alguien que no acepte responder a su solicitud cuando le dice que sólo necesita su opinión cualificada sobre un punto determinado, no dé automáticamente la partida por perdida, procure tener una opción a otro contacto: «Resulta evidente que hoy no dispone de tiempo para darme su opinión, pero yo le considero una persona competente, y por lo tanto volveré a visitarle el día y a la hora que le vaya bien...». A menos que sea de una mala fe manifiesta, le concederá una cita, y usted podrá disponer realmente de una oportunidad.

El mudo

Frente a un cliente mudo, la verdad es que se siente una impresión muy desagradable. Usted va desarrollando su argumentación, sus razonamientos van encadenándose con una lógica implacable, y a medida que pasan los minutos, se va sintiendo invadido por un profundo sentimiento de soledad y frustración. Sus palabras parecen perderse en el abismo insondable de la indiferencia, como si dejara caer piedras en un pozo sin fondo. Algunos vendedores se adaptan a esa situación y continúan argumentando, impávidos, hasta que el mudo ¡oh, milagro!, se decide a abrir la boca... para manifestar su negativa a la compra. Otros, y es una regla bastante corriente, se empeñan en hacer hablar a un mudo, pero así como un borrico no ganará nunca el premio de Ascot, intentar hacer hablar a un mudo es ir en contra de su naturaleza profunda, es expulsarlo de su nido protector y, por lo tanto, exponerse a reacciones de defensa totalmente justificadas.

Simplificando al máximo, podríamos clasificar a los mudos en dos categorías: los mudos ocasionales (son los menos) para los que esta actitud representa una reacción de defensa. Éstos pueden ser desenmascarados fácilmente, porque sería muy extraño que en un momento dado no reapareciera su verdadera naturaleza gracias a unas cuantas preguntas hábilmente planteadas. Lo más frecuente es encontrarse con un mudo por naturaleza, personaje generalmente tímido o poco expansivo, incluso introvertido.

La mejor actitud frente a un cliente mudo es procurar interesarle, hay que hacer lo posible por captar su atención al comienzo de la conversación, intentar prender en su mirada la chispa del interés, pero debe usted conformarse con poco. Un simple parpadeo o un movimiento de la cabeza son sendas aquiescencias con valor afirmativo.

¡Cuántos vendedores corren hacia el fracaso intentando arrancarle un *sí* a un mudo! La verdad es que la mejor táctica es hablar en su lugar: el viejo adagio «quien calla otorga» tiene aquí una justificación de las más lógicas. Tendrá usted que encadenar y desarrollar rápidamente sus argumentos sin tiempos muertos. No dude en utilizar expresiones tales como: «ya veo que me comprende... ya ve lo que quiero decir...» incluso, mejor todavía utilice la primera persona del plural: «ya vemos que... en esto estamos de acuerdo...». En general, esfuércese durante toda la conversación en hablar con voz suave, cree un ambiente relajante, una atmósfera en la que su cliente se sienta a gusto, en una palabra, póngale en un clima de confianza.

El orgulloso

Para un vendedor de buen nivel el orgulloso es seguramente el cliente menos difícil de convencer. He dicho para un vendedor de buen nivel, porque frente a ese tipo de persona la desenvoltura resulta fundamental.

Al orgulloso le gusta que lo alaben, busca continuamente la estima de todo el mundo. Para él llamar la atención es como una segunda naturaleza. Va por la vida con toda su suficiencia desplegada, colocándose deliberadamente en el centro de un círculo para deslumbrar a los demás. Su lenguaje rebuscado está plagado de expresiones personales: «pues yo hago esto... pues yo pienso que... en lo que a mí respecta...».

Esta actitud pretenciosa, en la que sólo caben la vanidad y la arrogancia, esconde de hecho un fallo que es la palanca que hay que mover para convencerle. Este talón de Aquiles se llama incomprensión. El orgulloso sufre porque no es apreciado en su justo valor, y con razón, puesto que la gente que le rodea rara vez le dispensa la consideración que él cree merecer. Es un eterno insatisfecho que quisiera vivir en un mundo a escala de su desmesura y que con frecuencia sólo consigue engañarse a sí mismo.

Ya que este incomprendido quiere halagos, ¡halágueio! Póngase de su parte, demuéstrele que le comprende haciendo tabla rasa con los tópicos. Debe sentir que su visita es premeditada, que usted lo ha elegido a él en lugar de a cualquier otro porque sabe que él apreciará su producto en su justo valor. Trátelo como a un cliente de élite, de juicio infalible, no dude en convertirlo en su aliado. «He venido a verle a usted antes que a nadie porque necesito una opinión autorizada sobre mi nuevo artículo...» En cuanto su hombre se sienta bien considerado, ya está maduro, puede usted pasar a la segunda parte de la operación, la que consiste en hacerle aceptar sus argumentos clave, los de usted, como si fuera él quien los hubiera formulado: «estoy convencido de que encontrará como yo que este producto tiene un acabado fuera de serie... Un hombre como usted no puede dejar de sentirse atraído por lo innovador de este artículo...». La táctica suprema consiste en hacer de espejo, de modo que el orgulloso reconozca como suyas las palabras de usted. Querrá demostrarle que sus opiniones son importantes, él no es un cliente cualquiera que se deje deslumbrar fácilmente. No le lleve la contraria, déjele tomar la iniciativa, que exprese su punto de vista, ya habrá tiempo después para «canalizarlo», sobre todo porque, como comprobará usted mismo a lo largo de la conversación, su espíritu crítico se irá diluyendo. Si pone alguna ligera objeción o algunas reservas, un «le entiendo perfectamente...» bastará, por lo general, para hacerle abandonar cualquier veleidad de seguir por ese camino, pero adopte con un él una regla absoluta: evite contrariarle a cualquier precio.

EL BENDITO QUE SIEMPRE DICE QUE SÍ

Se encontrará seguramente con este tipo de cliente desconcertante y que constituye indudablemente una trampa para el vendedor novato. Usted está en guardia, temiendo más o menos conscientemente tropezarse con un «mala sombra», y de repente descubre a un cliente cortés, amable, sonriente, que no sólo le escucha hasta el final de su argumentación, dándole además la impresión de estar pendiente de sus palabras, sino que aprueba e incluso apoya sus argumentos y parece estar de acuerdo con todo lo que usted dice, acompañando sus observaciones con «sí... sí», «claro que sí...», «seguro...», «de acuerdo», movimientos afirmativos con la cabeza, y sonrisas explícitas.

A primera vista este tipo de cliente debería ser una ganga para los vendedores. Desgraciadamente no es así, y tengo que confesar que es difícil conseguir una venta con un «bendito que siempre dice que sí», por la sencilla razón de que todas esas expresiones de asentimiento son falsas. En realidad se trata de una persona débil, a quien repugna contradecir, refutar y poner objeciones. Además está dotado de un carácter flexible que lo convierte en una persona difícil de convencer, porque los argumentos lógicos le resbalan como gotas de agua sobre una tela encerada.

Afortunadamente, frente a un bendito que siempre dice que sí la partida no está perdida de antemano, puesto que usted puede desviar el curso de la conversación para llegar finalmente a la conclusión de la compra como se proponía. El cliente acepta con demasiada facilidad sus argumentos, le lleva ineluctablemente a un terreno arenoso. Usted debe situar la discusión en un plano más sólido, capaz de sostener la estructura de su argumentación.

Utilizando astutamente la «técnica del embudo» podrá obligarle a contestar sí «conscientemente» a una pregunta de orden general (es importante que ésta sí sea la expresión auténtica de su aprobación), que le llevará a continuación a aceptar sus argumentos sin posibilidad de fingir.

La elección de esta pregunta de orden general es fundamental, porque será el primer eslabón de la cadena de sus argumentos clave. De su solidez dependerá el éxito o el fracaso de su empresa.

Usted vende, por ejemplo, televisores de la marca X y su argumento número uno es la calidad de imagen de estos televisores.

—*Pregunta*: «¿En general, considera usted lógico ir a la consulta de un oftalmólogo o de un óptico cuando uno se da cuenta de que le baja la vista?»

—*Respuesta*: «Sí».

—*Pregunta*: «¿Admite usted que ver el mundo y a los seres que nos rodean de una manera nítida y precisa es una aspiración absolutamente legítima?»

—*Respuesta*: «Sí, claro».

«Entonces, nuestro televisor es efectivamente el que le transmitirá las imágenes más vivas, más nítidas, menos contrastadas, las que usted tiene derecho a exigir.»

Segundo ejemplo: Usted vende impermeables.

Pregunta de orden general: «Supongo que cuando se da cuenta de que su paraguas está agujereado, decide comprar uno nuevo.»

—*Respuesta*: «Sí».

«Usted quiere evitar que cuando llueve se le moje la ropa.» «Naturalmente.» Pues nuestros impermeables no son de los que le protegen un tiempo y después se desimpermeabilizan en cuanto los lleva a la tintorería; los nuestros, elegantes y resistentes, seguirán siendo impermeables toda la vida.

El torrencial

¿Quién puede detener la corriente impetuosa de un torrente que se convierte en río, empieza a crecer e inunda la llanura? Nadie. En cambio, si se ha previsto el fenómeno, se intenta encauzar mejor o peor las aguas indomables, canalizarlas para limitar los daños. Existen clientes que le avasallarán con su palabrería, hasta tal punto que no le dejarán explicarse. Se verá usted desbordado por una avalancha de palabras, generalmente sin interés, y que además tendrán muy poco que ver con el tema que le ha llevado hasta allí.

Una persona parlanchina es un ser que se alimenta con sus propias palabras, que se regenera con ellas. Usted ya sabe que resulta difícil saciar a un glotón o a un bebedor empedernido, pero, sin embargo, existe un método que aunque no le asegure un ciento por ciento de éxitos, le permitirá resolver la papeleta en la mayoría de los casos.

De entrada, frente a un «torrencial», sepa callarse, mejor todavía procure parecer atento a lo que le cuenta mediante mímicas apropiadas, aprobando con la cabeza, etcétera. Tendrá que vencer la tentación de interponerse, de poner su grano de arena, pero resulta indispensable que consiga dominarse, tiene que dejarle vaciar el saco, y con ello habrá alcanzado dos objetivos de primer orden de cara a las siguientes operaciones: el parlanchín se habrá emborrachado con sus propias palabras y quedará henchido de autosatisfacción. Le resultará usted simpatiquísimo.

A un parlanchín las personas de su entorno no le permiten expresarse nunca o casi nunca: «lo conocen demasiado». De ello resulta una impresión de frustración, su castración moral, de repliegue sobre sí mismo. Imagínese su alegría cuando se encuentra por fin frente a un interlocutor tan comprensivo.

En este momento se impone hacer una comprobación importante: ¿Está discurriendo su «torrencial» sobre un tema que tiene relación directa con la venta que usted intenta realizar, o por el contrario se está yendo por las ramas? En este último caso debe aprovechar alguna ligera flexión en el ritmo de su verborrea para accionar la compuerta adecuada y encauzarla en la dirección apropiada. Intente una intervención del tipo: «Es interesantísimo esto que me dice, desde luego es usted un hombre, o una mujer, con sentido común, por eso quisiera que me diera su opinión sobre tal tema» (este tema debe guardar algún tipo de relación con su acción de venta). Un charlatán impenitente es incapaz de ser prolijo sobre todos los temas y pronto conseguirá usted situarlo en el terreno que más le conviene porque a la postre lo que más le interesa a él no es el fondo del tema en sí, sino su forma de expresión. Adopte la actitud anteriormente recomendada: callarse, escuchar y aprobar.

Al cabo de un tiempo, notará que el flujo verbal comienza a perder intensidad, será el momento de romper el ritmo. De hecho, la imagen que más se correponde a lo que hay que hacer con un «torrencial» es la de un torrente impetuoso cuyas aguas van creciendo constantemente y que debe ser dominado y encauzado. Romper el ritmo viene a ser en cierto modo como levantar un dique en el que le bastará disponer unas cuantas vías de paso para que las aguas puedan tomar la dirección adecuada.

Existen varios métodos para romper el ritmo: puede usted simplemente ofrecerle un cigarrillo a su interlocutor, o un caramelo... Puede, involuntariamente, claro, dejar caer sus documentos o hacer como aquel vendedor que utilizaba con éxito el truco de la araña: de repente se quedaba mirando fijamente el hombro de su cliente, hacía un gesto como quien expulsa a una araña inoportuna, diciendo: «Con permiso..., tenía un bicho en la ropa». En fin, cualquier medio es bueno para conseguir que su «torrencial» deje de hablar. A partir de este momento, la táctica consiste en procurar que sea su cliente el que argumente en su lugar.

Sin embargo, debe usted canalizar su discurso, evitar que la riada de palabras vaya en aumento, colmando hábilmente las brechas, levantando los oportunos diques. Su método debe consistir en pedirle al «torrencial» su parecer sobre un determinado argumento, ventaja o propuesta (todo eso hay que llevarlo preparado a base de un juego de preguntas que subrayen su argumentación).

Usted conseguirá de esta forma toda una serie de acuerdos tácitos sin tan siquiera haber tenido que argumentar de una manera clásica. Conseguirá que su cliente se fije en su producto y se encuentre insensible e inconscientemente en posición de comprador.

3

Sepa detectar los móviles de acción del cliente

Imprégnese de esta idea: «En realidad, uno no vende un producto o un servicio cualquiera, uno vende la idea que el cliente se hace del producto». Éste es el principio número uno, el que rige todos los mecanismos psicológicos de la venta.

Nuestro producto debe responder a una necesidad, y al mismo tiempo debe satisfacer uno o varios móviles de acción.

Los móviles de acción son los motivos que inducen a un cliente a comprar un producto. No hay duda de que todos los compradores potenciales tienen personalidades diferentes, problemas concretos por resolver, necesidades diversas, o sea que es fácil darse cuenta de que si conseguimos descubrir rápidamente cuáles son los móviles de acción que animan a un determinado cliente, habremos encontrado la llave capaz de abrir la cerradura.

Por suerte, los móviles de acción del género humano están muy claros, y voy a darle respuesta inmediata a sus posibles preguntas. Efectivamente le propongo la clasificación REPONSES («Respuestas») que le permitirá recordar más fácilmente los móviles de acción que motivan a un cliente y le inducen a comprar. Son ocho:

R = *Riqueza*, posesión, avidez material.
E = *Economía*, deseo de pagar menos.
P = *Práctica*, comodidad, confort.
O = *Orgullo.*
N = *Novedad.*
S = *Seguridad.*
E = *Encaprichamiento.*
S = *Sociabilidad*, simpatía.

Un mismo cliente puede tener varios móviles de acción que le impulsen a comprar. Además, los vendedores que tengan que visitar regularmente a los mismos clientes deben saber que los móviles de acción pueden variar con el tiempo.

Intentemos captar mejor cada uno de estos móviles de acción.

Riqueza

Es el deseo de poseer que anida en el alma humana desde la noche de los tiempos. El hábito hace al monje. Muy a menudo el hombre tiene tendencia a valorarse a sí mismo en relación a sus posesiones materiales, olvidando simplemente que los verdaderos valores no se compran.

Economía

Muchos clientes desean ahorrar y tratan de elegir productos rentables. No hay que olvidar al comerciante que quiere ampliar su margen de beneficios y se dejará tentar por los productos baratos.

Práctica

Algunas personas buscan el aspecto práctico del producto, para evitarse gastos inútiles y pérdidas de tiempo. Determinados comerciantes, por ejemplo, aprecian los artículos poco complejos, fáciles de vender y de almacenamiento sencillo.

Orgullo

Es uno de los móviles de acción más frecuentes. Al hombre le encanta ser tomado en consideración. Quiere dominar a los demás, ser el primero. Para un comerciante eso significa el deseo de situarse favorablemente con respecto a la competencia, darle un toque original a su tienda, tener la exclusiva de un determinado producto o del artículo de moda, tener una notoriedad.

Novedad

Muchas personas se sienten atraídas por las novedades. «Nuevo» es una palabra mágica que hace vender (la publicidad la utiliza con frecuencia, y no por casualidad). El cliente busca la novedad porque se siente atraído a menudo por la mejor elaboración aparente del producto. Se siente tentado por las innovaciones, la tecnología de punta, los últimos perfeccionamientos. Comprar un producto nuevo es estar en la onda, es vivir al ritmo de los tiempos, de estos tiempos marcados por la civilización tecnológica. Muchas veces el comerciante se ve obligado a disponer de los últimos productos (sobre todo si están apoyados por la publicidad intensa) si no quiere correr el riesgo de ver disminuir su clientela.

Seguridad

Este móvil responde al deseo de evitar problemas, dificultades de cualquier tipo. Ciertos clientes buscan proteger su seguridad material, tienen miedo a la incertidumbre del mañana. Quieren estar seguros de adquirir el producto o la prestación de servicios que mejor corresponda a sus necesidades. Tienen miedo de equivocarse. Intentan protegerse del peligro del vicio oculto.

Ciertos comerciantes, por ejemplo, tendrán tendencia a confiar en una firma conocida y veterana, y como su máxima preocupación consiste en no contrariar a su clientela, evitarán como sea correr el mínimo riesgo.

ENCAPRICHAMIENTO

Frecuentemente es un sentimiento irracional. Uno se encapricha de un coche o de una prenda de vestir, por ejemplo, y se inventa después buenas razones para justificar este deseo o, por el contrario, para detener este impulso primario. Este tipo de deseo caprichoso actúa sobre el yo profundo antes de poder ser analizado por la razón. A veces es una pulsión que roza la *envidia* y en tal caso el ser humano se ve dominado por un instinto de imitación muy fácil de descubrir para una persona observadora.

SOCIABILIDAD

Las personas sociables se ven dominadas por el deseo de satisfacer a los demás, la simpatía que irradian provoca la confianza ajena. Les encanta complacer a los demás, quisieran tener a todo el mundo contento. El vendedor debe saber, sin embargo, que tienen la misma actitud con sus colegas, y que no podrán satisfacer a todo el mundo. De todas maneras tendrá ventaja si usted también es simpático. El comerciante se sentirá más predispuesto hacia un representante simpático y este último lo tendrá mucho más fácil, puesto que habrá convertido al cliente en un amigo.

Cuando usted haya comprendido las características que definen cada uno de los móviles de acción, deberá decidir qué piezas mueve. En una primera fase deberá descubrir en cada cliente potencial sus posibles móviles de acción. Durante el primer contacto debe dedicarse a lo más urgente, es decir, encontrar al principio de la conversación uno o varios de estos móviles mediante preguntas oportunas. Volveremos a tratar este tema más adelante. En una segunda fase debe asociar estrechamente las ventajas de su producto a los móviles de acción que haya descubierto previamente. Adapte sus argumentos (mechas) a los móviles de acción (enclavaduras) de su interlocutor.

Si ya conoce a su cliente, le conviene hacer un inventario de todos los datos que tenga sobre él (personalidad, tipo de vida, costumbres, aficiones, compañías, etcétera) y definir previamente sus móviles de acción. Entonces no tendrá más que ajustar sus argumentos, que irán a favor de la corriente y captarán mucho más fácilmente la atención del cliente sobre su producto. Estudiaremos esta práctica en el capítulo consagrado a la argumentación.

4

Las principales clavijas de la comunicación

LAS ESTRUCTURAS DE LA PERSONALIDAD

Nuestra personalidad se estructura esquemáticamente en tres niveles (imagínese tres círculos concéntricos). El primer nivel, el círculo central, es el reflejo de nuestra personalidad profunda, la que expresa la esencia misma de nuestro carácter, la que nos hace reaccionar ante determinados acontecimientos, la que nos distingue de los demás individuos. El segundo nivel es el de la personalidad construida, la que vamos edificando a lo largo de nuestro recorrido en el tejido social, la que uno proyecta en ciertas situaciones vitales y que se manifiesta a través de actitudes. El tercer nivel es el de nuestra personalidad-estatus, la que traduce nuestro comportamiento, la que llega a los demás, para resumir.

Nos movemos por la vida revestidos con nuestra personalidad-estatus. Frente a determinados acontecimentos (y no sólo en función de ellos, pues el acontecimiento tiene un papel desencadenante) reaccionamos adoptando actitudes específicas, a modo de emergencias de nuestro yo interno. De hecho, no hacemos más que activar nuestras facultades de adaptación. En cambio, aunque estos acontecimientos sean imprevistos, inesperados, aunque nos sorprendan, van a provocar corrientes de acción que emanan directamente de nuestra personalidad profunda. Es como la huida súbita de la casa en llamas, o la espalda encorvada bajo la tormenta. Estas corrientes de acción, estas fuerzas vivas, arcaicas, son de dos tipos: fuerzas de autoconservación y fuerzas de expansión.

Las tendencias

En nuestra existencia, es poco frecuente que tengamos ocasión de expulsar estas fuerzas arcaicas, del mismo modo que —por suerte— los volcanes del planeta no tienen erupciones cada día. Sin embargo, estas fuerzas son parte integrante de nosotros mismos, representaban un estado permanente e inconsciente que alimenta nuestras tendencias. En cada personalidad predomina alguna de estas fuerzas, y es por esta razón que cada cual se comporta según una tendencia a la expansión, o al contrario, a la contracción.

Hemos de rendir homenaje a una serie de eminentes psicólogos gracias a cuyos trabajos podemos comprender actualmente ciertas nociones de psicología individual y de grupo, concretamente, los de Kurt Lewin, que murió prematuramente en 1947. ¿Cómo podemos sacarles partido a estos mecanismos psicológicos en una situación de venta? Se trata de descubrir la tendencia dominante de cada cliente, la que orienta un determinado porcentaje de sus necesidades. Para ello, intentemos esbozar el retrato psicológico de un cliente con tendencia a la expansión y de otro con tendencia a la contracción, dando por sentado que no existe ningún arquetipo en estado puro. El término de tendencia dominante define en realidad una amalgama de las dos tendencias con una inclinación y unas disposiciones más marcadas en uno u otro sentido.

Cliente con tendencia «expansión»

Es un individuo seguro de sí mismo y que siempre tiene la iniciativa. Es un espíritu moderno que asume riesgos y se mueve en un terreno en el que pueda dar la plena medida de sus dotes de innovación y de creación. Le gusta llamar la atención. A veces se excede al hablar, y se deja llevar por su naturaleza generosa e imaginativa. Está lleno de confianza y de espíritu de superación, y por ello no siempre evalúa en su justo término los riesgos que asume. Le encanta propagar sus ideas, pero tiene tendencia a fijarse objetivos diversos que pueden hacerle caer en la trampa de la dispersión. Adopta frecuentemente posiciones muy definidas que no siempre son comprendidas por sus allegados; en tal caso se refugiará en la ironía y el humor. Tiene alergia a imitar a los demás y a las referencias en general, se hace una alta idea de su papel, de su función, de su imagen, y aquí está su talón de Aquiles. Es un espíritu curioso, preocupado por los detalles. Todos los argumentos que halaguen su amor propio darán en el blanco, porque tiene un deseo imperioso de sentirse reconocido. Sus reacciones no son las de un calculador, reacciona, es verdad, de una forma epidérmica, pero no es rencoroso.

Cliente con tendencia «contracción»

Se trata de un inquieto que siente *a priori* una gran desconfianza hacia los individuos. Tiene reservas sobre las ideas ajenas, porque está muy apegado a sus costumbres. No le gustan los cambios en la medida en que no quiere crearse problemas. Analiza las situaciones en la medida en que no quiere crearse problemas. Analiza las situaciones con rigor y método, y frecuentemente llega a tomar posiciones sobre el fondo del problema. Sus facultades de concentración le permiten generalmente alcanzar el objetivo previsto. Más bien introvertido y a menudo tímido, necesita cierta tranquilidad de espíritu, lo cual le lleva a compartir ideas comunes a mucha gente y a imitar a los demás. Sus reacciones no son casi nunca espontáneas y sus intervenciones están marcadas por la moderación. Puede ser rencoroso y predispuesto a mirarlo todo con lupa.

Es evidente que estas tendencias no siempre aparecen con claridad, y que hay que tener dotes de observación y saber escuchar para sacarles todo el partido posible. Un vendedor con la mente despierta conseguirá interpretar rápidamente ciertas frases, analizar determinados comportamientos, para hacer una juiciosa elección de los argumentos que puedan convenir a cada cliente. Un buen vendedor reaccionará en función del examen de las situaciones, y adoptará actitudes específicas. Por ello me parece oportuno definir una serie de actitudes que pueden distender la comunicación con el cliente.

Conviene diferenciar actitud y comportamiento. Una actitud es una predisposición psíquica y mental a reaccionar frente a determinados acontecimientos o situaciones, es lo que sentimos interiormente. Un comportamiento es el conjunto de medios psíquicos de que disponemos para expresar una actitud. En la vida, uno puede manifestar una actitud firme, arrogante, decidida, evasiva, inconsciente, divertida, clara, intransigente, crítica, etcétera. En la venta interesa expresar las llamadas actitudes de relación: actitudes de apoyo, de explicación, de decisión, de investigación, de evaluación, de comprensión. Estas actitudes se apoyan en las raíces que se alimentan de nuestra personalidad construida o social, corresponden a ciertos estados psicológicos propios de cada cual, y pueden ser utilizados como factores de éxito en una estrategia de venta bien dirigida.

La actitud de apoyo

Es como un arco que hace vibrar las cuerdas de la sensibilidad. Es la actitud de relación por excelencia, la que está destinada a despertar la afectividad de individuos más bien extravertidos y sociales. Los clientes con tendencia a la expansión son sensibles a esta actitud. A usted le servirá para establecer una buena toma de contacto y un clima favorable para la conversación. Es una actitud que relaja, permite desdramatizar determinadas situaciones. Por eso mismo, procure no abusar de ella, porque correría el riesgo de inspirar poca credibilidad.

La actitud de explicación o de interpretación

Si es usted un vendedor de mente despierta, brillante, dotado de imaginación, una persona creativa con una capacidad de síntesis bien desarrollada, le interesa utilizar al máximo su actitud de explicación y de interpretación con sus clientes con tendencia a la contracción. Es una actitud que representa el elemento motriz cuando despliegue la estructura de su argumentación. Tenga en cuenta, sin embargo, que su uso excesivo podría hacerle aparecer como alguien que deforma las ideas ajenas, «que se pasa», o que cae en una cierta forma de mitomanía.

La actitud de decisión

Viene a ser la emanación de recursos energéticos internos. Subraya la acción, el dinamismo, el movimiento. Permite aclarar las soluciones propuestas. Es la actitud preponderante en la gente que quiere convencer. Es el arma ideal para los clientes con tendencia a la expansión y, por descontado, en el momento de la venta. Es una actitud que proyecta una mentalidad resolutiva: la acción antes que la reflexión. Hay que ir con cuidado para no caer en el autoritarismo, la dispersión de ideas o las reacciones autocráticas. Limítese a tratar los verdaderos problemas.

La actitud de investigación

Esta actitud emerge de forma natural en las personalidades que tienen un fuerte componente analítico. En la venta, sensibilizará sobre todo a los clientes con tendencia a la contracción, los que se sienten apegados a sus viejas costumbres. Permite mantener una cierta distancia, y ayuda a la reflexión. Sin embargo, sólo hay un estrecho margen entre la actitud de investigación y el peligro de parecer un inquisidor o un entrometido que se mete donde no le llaman. Hay que utilizarla en la fase de conocimiento del cliente y no abusar de ella para que no se escapen las futuras ocasiones.

La actitud de evaluación

Esta se basa en una predisposición al rigor como arquetipo de los valores morales. Al estar basada en nociones de honestidad y rectitud, le pondrá en sintonía con los amantes de la exactitud, de la precisión, la gente con principios y aferrada a sus costumbres. Refuerza la solidez de los argumentos esgrimidos, da consistencia a las ideas y no tolera el compromiso. Es una actitud que encontrará mejor acogida por parte de un cliente con tendencia a la contracción que a la expansión. Si la utilizamos con exceso, puede llevarnos a marcar ciertas distancias con nuestro interlocutor y, por consiguiente, a dar muestras de rigidez en nuestro comportamiento. Es una baza decisiva en la fase de demostración, pero puede resultar un obstáculo durante el diálogo con el cliente si nos falta flexibilidad en la negociación y damos muestras de intolerancia en nuestro discurso.

La actitud de comprensión

Es una actitud inherente a cierta forma de sensibilidad cerebral. Es propia de individuos intuitivos, amantes de los contrastes, sensibles a las diferencias y a las oposiciones. Llega fácilmente al corazón de aquellos que tienen una pronunciada tendencia a la expansión, porque les permite expresarse, manifestar su idiosincrasia. Es una actitud que significa: «Le escucho, estoy disponible, me pongo en su lugar». Con frecuencia es el preludio de la acción, del compromiso. También es un momento privilegiado para la observación. Es necesario no recrearse con ella, porque puede resultar altamente inhibidora. Hay que saber sacudírsela a tiempo para evitar que paralice la voluntad de conseguir la venta.

¿Cómo actuar?

En la vida cotidiana cada cual tiene ocasión de adoptar un amplio abanico de posibilidades y actitudes. Ello no significa, sin embargo, que no estemos todos marcados por una actitud predominante. Un vendedor debe procurar conocerse mejor que cualquier otra persona, de modo que esta actitud se inscriba en un comportamiento general, elaborado de una manera equilibrada y armoniosa. Elegir y utilizar correctamente las actitudes de relación le permitirá situarse en sintonía, vibrar al unísono con aquellos o aquellas a los que queremos convencer. Es actuar con circunspección y discernimiento.

5

Comprenderse y comunicarse

¿ES POSIBLE COMPRENDERSE REALMENTE?

Así como los animales se comunican entre ellos mediante sonidos o gestos, los seres humanos se transmiten sus ideas, sus valores y los significados que atribuyen a estas ideas. Pero comunicarse no significa comprenderse. Cada ser humano es diferente de los demás. Comprenderse es, ante todo, tratar de identificarse con el otro, sin renunciar por ello a la propia personalidad. Todos somos diferentes y además tenemos una capacidad de comprensión dinámica: lo poco que comprendemos hoy, seguramente será asimilado mejor mañana...

Habla un orador, su auditorio lo escucha. Va desgranando las palabras, que son otros tantos eslabones de la cadena de su pensamiento. Las mismas palabras llegan en el mismo instante a los cerebros de decenas o centenas de individuos, pero para ello deben pasar por la criba de las conciencias, todas ellas diferentes. Esas palabras toman un sentido propio, se cargan con una nota emotiva determinada o despiertan sentimientos, provocan procesos lógicos, surgen a plena luz, y por ello mismo sumergen en la sombra a las siguientes. Caen nuevas palabras sobre la arena blanda de las conciencias ávidas y tienen una resonancia desproporcionada. ¡Cuántas veces, al final de una brillante conferencia, en el momento en que se invita al público a hacerle preguntas al orador, la gente descubre con estupor e ingenuidad que no ha entendido nada, o una parte considerable del tema tratado, y que lo que ha comprendido su vecino o cualquier otra persona poco tiene que ver con lo que él ha comprendido!

La asimilación de los mensajes

El hombre posee medios de expresión y, aparentemente, de comprensión. ¿Qué sucede, pues? ¿Acaso todo lo que merece aprenderse no podrá ser nunca enseñado? Hay que encontrar la llave que abre la puerta de la comprensión. Esta llave existe: es la imagen.

Pero antes de considerar todo el interés que representa la imagen, o el lenguaje figurativo en el proceso de la comunicación, analicemos la forma en que nuestro cerebro registra nuestros mensajes. ¿Qué es un mensaje? Una combinación de signos que sirven para transmitir algo. Hay que saber que no podemos esperar que nos comprenda nuestro interlocutor a menos que lo que decimos tenga algún significado para él (ésta es la ley fundamental de la comunicación). El que recibe un mensaje no puede comprenderlo sin descifrarlo, sin asimilarlo a su propio mecanismo mental, y no puede realizar esta operación más que transformando, adaptando esos signos a las imágenes mentales que estén ya archivadas en su memoria.

A lo largo de nuestra existencia almacenamos en nuestro cerebro todo un mosaico de imágenes mentales. Cada vez que recibimos un mensaje debemos realizar indefectiblemente esta alquimia de identificación que consiste en transformarlo en imágenes, réplicas de las que tenemos ya clasificadas en el subconsciente. Cuando se ha llevado a cabo este proceso, y sólo entonces, comprendemos al otro, percibimos y podemos memorizar lo que éste nos transmite. Por desgracia, la operación de descifrar los mensajes, que teóricamente debería ser perfecta, depende de tantos factores personales (rapidez de transformación de palabras en imágenes, capacidad de almacenamiento, de memorización, condiciones de la transmisión, etcétera) que en la práctica casi nunca se llega a alcanzar una comprensión completa.

La imagen: pasaporte de la comunicación

La esencia de la comunicación se encuentra en las ideas. Las palabras, aunque en realidad casi siempre son necesarias, no por ello dejan de ser secundarias. De la misma forma como lo haría sobre una película sensible, la imagen impregna la conciencia, sin dejarse afectar, o dejándose afectar muy poco por los embates de la razón. ¿Cómo podríamos expresar con más claridad aquello que concebimos perfectamente, sin utilizar un conglomerado de imágenes que eclipse fulminantemente el azaroso proceso de la mente?

La imagen muestra sin demostrar y así nuestra mente ve aquello que es capaz de discernir.

En la escala que conduce al conocimiento, cada peldaño es una parcela de experiencia, y la experiencia se nutre en las fuentes del ejemplo, que generalmente no es más que un combinado de imágenes. Como ya decía el moralista francés, cuyos escritos estaban tan a menudo salpicados de imágenes: «Unos cuantos ejemplos expresados con pocas palabras y en el momento apropiado dan más brillantez, más peso y más autoridad a las reflexiones». La fuerza de la imagen es determinante, precisamente por su valor ejemplar. Muchas veces se comprende mejor a los poetas que a los filósofos. ¿Por qué cree usted que Jesús de Nazaret se expresaba con parábolas? Sabía que con este medio de expresión abría las mentes y las almas a sus enseñanzas en un tiempo mínimo, y evitaba al máximo el peligro de deformación de sus mensajes.

De hecho, un lenguaje lleno de imágenes aligera el proceso de descifrado del mensaje, la asimilación de los signos y de las combinaciones. Expresándose con imágenes usted potenciará al máximo sus ideas y sus argumentos, porque la fuerza de una idea no radica en su contenido intelectual sino en la representación que contiene y de ese modo las ideas toman cuerpo, y las ideas concretas conducen a la acción.

Cuando más ricas en posibilidad efectiva sean sus imágenes más ganarán en fuerza de persuasión, porque una imagen tiene una resonancia directa sobre nuestros sentimientos profundos. Si usted consigue dar vida a sus argumentos, éstos harán vibrar la cuerda sensible de su interlocutor.

6
La fuerza de la imaginación y de la sugestión

La imaginación

El significado de la palabra imaginación ha cambiado con el tiempo. Para ser más precisos, convendría utilizar el término *proceso imaginativo*, porque actualmente el término «imaginación» puede aplicarse, por ejemplo, a la fantasía desbocada de una mujer frustrada. La imaginación es la capacidad de representarse mentalmente imágenes, de conservarlas y de evocarlas.

La voluntad se ve frecuentemente sometida a la imaginación. Es corriente encontrarse con gente que se vanagloria de su voluntad, de su indomable perseverancia, y que están convencidas de que sólo gracias a su voluntad han conseguido superar una determinada prueba: en realidad, la voluntad es impotente si no se apoya en la imaginación, y de hecho esas mismas personas se han dejado persuadir por su imaginación de que la voluntad es el arma absoluta. No hay fuerza más poderosa que la imaginación. Ciertamente, resulta fácil afirmarlo, pero demostrarlo es otro cantar; voy a poner un ejemplo: supongamos que estamos en una calle desierta. Pintemos dos franjas blancas paralelas con una separación de un metro de una acera a otra y admitamos que no haya ni coches ni curiosos; podemos cruzar la calzada entre las dos líneas blancas sin temor, tranquilamente. ¿Por qué hemos podido hacerlo? Porque sabemos que no nos va a atropellar ningún coche, que la tierra no va a abrirse a nuestro paso y que, aunque tropezáramos, no caeríamos desde mucha altura. Cambiemos el decorado: imaginemos que subimos al vigésimo piso de un edificio; vamos al balcón y comprobamos que estamos al mismo nivel que una terraza situada enfrente. Procurémonos un tablón ancho y resistente y apoyémoslo de un lado a otro, uniendo las dos terrazas. Sujétemoslo firmemente por los dos extremos. El tablón es liso y puede soportar mucho peso, mide exactamente un metro de ancho. Tenemos, pues, una vía de la misma anchura que la que habíamos trazado en la calzada. *Pregunta*: ¿Podemos caminar sobre ese tablón firmemente sujeto a cincuenta metros del suelo y llegar sin problemas al otro lado? Aquí es donde juega la imaginación. Si la imaginación nos dice que podemos llevar a cabo esta hazaña, nos aventuraremos tranquilamente y alcanzaremos el otro extremo sin problemas, pero si nuestra imaginación no es tan completa, sólo con pensar en semejante trayecto, nos paralizará el pánico. Podemos cruzar la calzada sin temor, pero allá arriba nuestra imaginación nos indica que hay peligro y que si perdemos el equilibrio la muerte es inevitable. Sería inútil que alguien intentara tranquilizarnos, porque nuestra imaginación es más poderosa que nuestra voluntad. El hombre posee unos mecanimos que le avisan y le protegen del peligro, todo un conjunto de sistemas preventivos automáticos que detienen al ser humano normal en el momento en que podría correr un peligro estúpido. Mientras no se imagine a sí mismo de pie en el tablón, caminando tranquilamente, sin temor, hacia la terraza de enfrente, no conseguirá hacerlo.

Blondin, el célebre funambulista que atravesó sobre una maroma las cataratas del Niágara, era un hombre con confianza en sus posibilidades y convencido de que podía hacer aquello que a los demás les parecía imposible. Sabía que a lo único que debía temer era precisamente al propio miedo.

Si subimos hasta lo alto de una escalera de mano no sentimos miedo, pero en cuanto bajamos los ojos comenzamos a pensar en los peligros que entraña la caída.

Tomemos otro ejemplo, en el que hacemos mal uso de la imaginación: hemos de arrancarnos una muela. Antes incluso de entrar en la consulta del dentista, nos imaginamos el dolor que nos espera, representándonos todos los detalles de la extracción: la inyección, los gritos, el dolor. Cuando nos sentamos en el sillón del dentista ya estamos absolutamente predispuestos a sufrir. Por cierto, podríamos reflexionar un poco sobre el mecanismo del dolor: cojamos un alfiler y acerquémoslo al dedo. ¿Qué sucede? En cuanto la punta toca la piel, estamos esperando con aprensión el momento en que, al hundirse en la carne, hará aparecer una gotita de sangre. Toda nuestra atención está centrada en el pinchazo, hasta tal punto que si nos doliera un pie en ese momento ni nos enteraríamos. En épocas de guerra suele suceder que un soldado lanzado al ataque sea herido y no se dé cuenta de ello inmediatamente.

El poder de la imaginación en la venta

En el arte de la venta la utilización inteligente de la imaginación es una baza de primer orden, porque la imaginación puede ser controlada, guiada, dirigida, pero tenga en cuenta que si la maneja forzándola se dirige hacia un fracaso absoluto. La imaginación *imagina* y después la voluntad *quiere*. Para utilizar esa arma el vendedor deberá, además, estar dotado de un poderoso sentido imaginativo que le permita evocar imágenes visuales con gran facilidad.

La utilización de la imaginación controlada puede tener dos objetivos: ser el elemento motriz que permite guiar la voluntad del cliente, o al contrario, ser una fuerza de inhibición capaz de disuadir a una voluntad mal encarrilada. Utilizo exprofeso el término de imaginación controlada porque, una vez desencadenado el proceso en su interlocutor, no resulta nada fácil volver a llevar a su propio terreno una imaginación errabunda. ¡Cuántas veces no habremos puesto en marcha nuestra imaginación a la vista de una fotografía, de un dibujo, de un cartel, y a partir de ese momento, la imagen captada por nuestra mirada nos evoca otras que nos provocan un estado emocional tal que las sensaciones y percepciones que embargan nuestra mente trascienden el tiempo y el espacio!

Usted es, por ejemplo, un vendedor de coches. Supongamos que provoca el proceso imaginativo de su cliente mostrándole una foto del vehículo que desea venderle. Este elemento de base le permitirá centrar la atención de su interlocutor para implicarlo más tarde en una argumentación que le haga integrarse mentalmente en un decorado imaginario hábilmente construido por usted con palabras evocadoras y llenas de imágenes. Su interlocutor se verá a sí mismo al volante del coche, apreciará la elegancia de sus líneas, la blandura de sus asientos, la funcional disposición del tablero de mandos, la suavidad de conducción, la seguridad que ofrece en los adelantamientos... Al haberse dedicado a suscitar, a controlar su imaginación, lo ha predispuesto favorablemente a decidir la compra.

Si están bien elegidas y se enlazan en un desarrollo analógico, las imágenes nos predisponen a la acción, provocan una dinámica en la actividad psíquica. Algunos autores han formulado acertadamente la teoría de que la imaginación engendra el movimiento.

¿No le ha ocurrido nunca que, al vivir tan intensamente una escena por anticipado, se sorprende gesticulando inconscientemente o moviendo los labios sin darse cuenta? ¿No nos cruzamos a veces por la calle con gente que habla sola, como si estuviera conversando con interlocutores invisibles?

Los investigadores han comprobado un hecho que puede resultarnos interesante: las imágenes se asocian entre ellas según una estructura de identificación. Una imagen determinada hará aparecer en la mente de un individuo otras imágenes que derivan de la primera: la imagen de un tren evocará el viaje, la evasión, los países que uno quisiera visitar... El encuentro con un mendigo le hará pensar en la pobreza, en la condición humana... Podríamos multiplicar los ejemplos hasta el infinito. Los publicistas lo saben perfectamente y utilizan con gran habilidad no sólo las imágenes, sino también los sonidos y los colores (la calidez de los tonos rojos, la frialdad de los azules pálidos...) para provocar procesos favorables al deseo de comprar. Del mismo modo cierto tipo de imágenes evocan sus contrarios. Son sobre todo imágenes que sobrepasan los límites de la normalidad cotidiana, para entendernos, o que, como mínimo, llevan implícito un carácter absoluto: un blanco deslumbrante hará pensar en el color negro, un perro minúsculo, en un San Bernardo...

En una palabra, la evocación de una imagen puede desencadenar (gracias a un fenómeno del que hemos hablado en un capítulo anterior) toda una serie de hechos o de experiencias que guardan relación con aquélla. Cuando usted descubre escondido en el viejo baúl del trastero el tren eléctrico o la muñeca, aquellos compañeros privilegiados de su infancia, automáticamente se agolpan los recuerdos, se ve a sí mismo jugando en el comedor, mientras su abuela hace calceta junto al fuego y el viejo reloj de pared desgrana su relajante tictac.

Un buen día se encuentra con uno de sus amigos de infancia, al que había perdido de vista desde hacía años: eso basta para que sus recuerdos despierten, para evocar locas excursiones en bicicleta, los alborotos armados en el instituto, los profesores que imponían su autoridad...

Sepa elegir las imágenes adecuadas en el momento oportuno, introduzca la llave correspondiente a la cerradura y despertará la evocación, la visualización y los procesos mentales, la voluntad proyectada, el deseo acariciado, todos esos elementos que constituyen esa fuerza incomparable que es la imaginación controlada.

Acabaré este capítulo subrayando un fenómeno con el que se va a topar a menudo a lo largo de su carrera de vendedor. Durante la conversación usted tendrá ocasión de observar las reacciones de su cliente: después de pasar por fases de duda, manifestaciones de interés, momentos de reflexión y vacilaciones, de repente, corta por lo sano y se decide bruscamente a comprar, cuando usted menos se lo espera. ¿Qué ha sucedido? La imaginación he realizado insensiblemente su trabajo. Las imágenes, los deseos asentados en el subconsciente, apartados durante un tiempo por la razón, la reflexión o la resolución, reaparecen de repente por obra y gracia de cualquier circunstancia fortuita (por ejemplo, la evidencia de que la conversación está durando demasiado) y desencadenan una voluntad de compra llena de imágenes propicias de carácter afectivo y sensible.

La sugestión

Aspectos psicológicos de la sugestión

Antes de evocar los aspectos psicológicos de la sugestión, me parece imprescindible definir lo que se entiende por estado de conciencia de un individuo. La conciencia está subordinada a la acción de un centro regulador situado en la base del cerebro que provoca un estado de vigilia en la corteza encefálica. Para que haya conciencia es preciso que se ponga en marcha un proceso de atención, así como la evocación de la imagen de nuestro cuerpo que está implicado en la acción. La conciencia es el resultado de un campo limitado de reacciones cerebrales.

Esquematizando al máximo podemos establecer que nuestro cerebro humano se compone de una parte consciente, que representa aproximadamente una novena parte del conjunto, y del subconsciente. La parte consciente o corteza encefálica es la parte en cierto modo «activa», aunque éste no sea el término apropiado. Nos permite razonar y rige nuestro comportamiento. Por su parte, el subconsciente sería simplemente la parte que forma la personalidad profunda del hombre. Los instintos, los impulsos, los automatismos emanan del subconsciente. Todos los acontecimientos de nuestra vida quedan almacenados en el subconsciente que los graba y los conserva mediante un proceso analizado ya en un capítulo anterior.

¿Y qué papel desempeña la sugestión en todo esto? Hemos de referirnos aquí a los estudios de Pavlov y a las teorías formuladas por el doctor Paul Chauchard, según los cuales toda activación de una parte de las neuronas del cerebro provoca la inhibición de la otra parte, en virtud de las leyes de la psicología cerebral. El hecho de concentrar la atención, la reflexión, en un punto concreto, le hace a usted indiferente e insensible a todo lo que sucede alrededor. La sugestión consiste, en cierto modo, en un proceso psicológico que incide en el campo fisiológico.

De hecho, toda pedagogía supone una parte de sugestión. La sugestión crea en la corteza encefálica una zona de excitación, una región de hiperconciencia que, al cristalizar en un punto determinado, descuida en cierto modo las zonas del cerebro donde normalmente ejerce su función (ordenar datos concretos, pensar, analizar...) y así es cómo resulta incapaz de reconocer la sugestión, de evaluarla y de resistirse a ella.

Toda conciencia debilitada por la sugestión está predispuesta a la inhibición y aquí radica el secreto de la hipnosis, pero eso ya es harina de otro costal. No deja de resultar paradójico el fenómeno siguiente: la concentración de la conciencia en la atención puede provocar el sueño.

¿Se puede asociar venta y sugestión?

Sugestionar a alguien es, como dice Paul Chauchard, «crearle un reflejo condicionado que provoque una actividad cerebral tan considerable que la conciencia sea incapaz de oponerse a él». ¿Es posible, en situación de venta, provocar un estado de inhibición hábilmente inducido mediante sugestión y alcanzar el subconsciente de un cliente? ¿Tenemos derecho a inhibir las facultades de defensa de un individuo, ejerciendo una influencia determinante sobre las zonas afectivas de su cerebro, e imponerle nuestra voluntad? ¿No existen acaso personalidades especialmente vulnerables? Plantearse estas preguntas supone en cierto modo responderlas. En el campo publicitario, sobre todo en Estados Unidos, se han realizado experimentos de utilización de sugestiones camufladas, llamadas «publicidad subliminal», que suponen una auténtica violación de la conciencia.

Así como soy partidario de una utilización razonable de la imaginación controlada, estoy totalmente en contra de la práctica de los poderes de sugestión como método de venta. He abordado este tema para poner en guardia a los vendedores con respecto a ciertos procedimientos, para mí deshonestos, y que están en contradicción con el respeto a una ética personal que todo profesional de la venta debe observar. Hay que saber dónde debe uno detenerse para no ir demasiado lejos. Además, aprovecharé la ocasión para precisar el papel primordial que debe tener la honestidad en todo acto de venta.

Comportarse con honradez es un deber, pero es también una baza a favor suyo. Todo ser humano siente ansias de verdad en mayor o menor grado, y si usted sabe convertirse en un portaestandarte de la dignidad, será reconocido y considerado como una persona digna. En la venta, la honradez no supone un impedimento para la acción, al contrario: si siembra hoy el grano de la rectitud, recogerá con el paso del tiempo una buena cosecha de confianza. Respetando a los demás, se respetará a sí mismo. Si por el contrario se deja llevar por la tentación de hacer trampas, de emplear medios ilícitos para alcanzar sus fines, será descubierto más pronto o más tarde y, peor todavía, le será imposible recuperar el capital de confianza que haya perdido. En la venta, como en la vida, resulta imposible reconstruir una mala reputación.

Segunda parte

Las principales fases del desarrollo de la venta

7

Construir una argumentación eficaz

REGLAS GENERALES QUE CONVIENE OBSERVAR

La argumentación y su resultado, la demostración (que trataremos más adelante), son para el vendedor lo que la paleta para el albañil, o la podadera para el jardinero, es decir, la herramienta básica con la que conseguirá la venta.

La argumentación es un conjunto de razones cuyo objetivo consiste en llamar a las puertas de la mente de su interlocutor, en suscitar su interés, despertar sus sentimientos, sus deseos, y llegar a convencerle en función de sus móviles de acción.

El argumento se compone de palabras, de frases, de razonamientos previamente elegidos, ordenados y adaptados. Un vendedor en situación de venta no es un improvisador, tiene que haber realizado previamente un trabajo metódico, meticuloso, en apariencia ingrato pero muy gratificante después: consistirá en hacer la lista de todos los argumentos relativos al producto o al servicio que se ofrece.

Primera regla. Debe conocer su producto como la palma de su mano. Nunca se tiene un conocimiento suficiente del producto o de la prestación que se ofrece y de este conocimiento van a depender sus argumentos.

Segunda regla. Descubra todas las cualidades del producto que quiere vender. Haga una lista exhaustiva de todas las que encuentre. Tómese el tiempo necesario. Esfuércese cada día durante dos semanas, más o menos, en encontrar una nueva cualidad, porque tal vez sea ésta la que le haga ganar una venta. Para ayudarse, formúlese las siguientes preguntas:

— ¿De qué se compone mi producto?
— ¿Para qué se usa?
— ¿Cómo funciona?
— ¿Dónde se sitúa con respecto a la competencia?
— ¿En qué radica su originalidad? ¿En qué se diferencia de los demás?

Proceda igualmente respecto a las ventajas que ofrece su sociedad (fama, implantación, seriedad de la marca, etc.).

Tercera regla. Haga usted inventario de todos los defectos de lo que va a vender. El hecho de encontrar estos defectos le proporcionará una doble ventaja:

— conocerá de antemano las objeciones que

no dejarán de hacerle durante su argumentación y por lo tanto podrá contrarrestarlas eficazmente;

— podrá transformar un defecto en argumento positivo, porque todo es relativo: una vez haya hecho usted la lista de defectos o desventajas, tiene que buscar las ventajas y las cualidades inherentes a cada uno de los aparentes defectos, porque estas cualidades existen.

Ejemplo: Supongamos que es usted un vendedor de coches y que el modelo que ofrece consume un poco más de combustible que otros de la misma cilindrada.

Ventaja inherente al defecto: «... tiene un reprís brillantísimo, que le proporcionará total seguridad en los adelantamientos. Por una diferencia equivalente al precio de un periódico por cada 100 km, la verdad, su seguridad le sale prácticamente gratis».

Ejemplo: Usted vende una lavadora. Su defecto aparente es un alto precio.

Ventaja inherente al aparente defecto: «a primera vista puede parecer cara, pero gracias a nuestro modulador electrónico, su consumo eléctrico es un 20 por ciento inferior al de otras máquinas. En menos de cuatro meses, habrá amortizado cómodamente la diferencia de precio».

Resumamos:

— hemos elaborado una lista completa de las cualidades de nuestro producto;

— tenemos una lista de sus defectos, así como

de las respuestas adecuadas para convertir estos aparentes defectos en cualidades.

Vuelva a la primera lista: ahora se trata de convertir las cualidades en argumentos. No basta con confirmar una cosa para que ésta se convierta en un argumento. Un argumento debe ser elaborado y la clave de la elaboración de un argumento es la técnica del «¿por qué? — porque...».

Vaya tomando las cualidades una a una, pregúntese «¿Por qué?» y responda.

Ejemplo: «Mi aspirador es resistente». Esto es una afirmación, una cualidad, pero todavía no es un argumento.

En cambio: «Mi aspirador es resistente (¿Por qué?, pues porque...); menos del 1 por ciento de nuestros clientes recurren a nuestro servicio posventa durante los dos años siguientes a la compra». Esto es un argumento.

Ejemplo: «Nuestra pintura para revestimientos exteriores resulta barata». Esto es una cualidad.

«Nuestra pintura para revestimientos exteriores resulta barata porque contiene un agente antioxidante que le ahorrará la compra de otro producto suplementario.» Esto es un argumento.

Procure elaborar argumentos precisos, claros e impactantes.

Cuando haya hecho usted la lista de sus argumentos, todavía le quedarán dos cosas por hacer:

— clasificarlos por orden de importancia;

— situarlos en los apartados de los ocho móviles de acción (R, riqueza; E, economía; P, práctica, etc.). Hay que aclarar que se puede utilizar un mismo argumento para diferentes móviles de acción.

Por ejemplo, el argumento «mi aspirador es resistente, menos del 1 por ciento de nuestros clientes recurren a nuestro servicio posventa durante los dos años siguientes a la compra», es un argumento que podrá ser utilizado con un cliente cuyo móvil de acción sea la *economía* (puesto que su aspirador durará mucho), pero también con otro (o con el mismo) cuyo móvil de acción sea la *seguridad.*

Para clasificar sus argumentos por orden de importancia, tiene que hacerse previamente la siguiente pregunta: «Tengo que vender tal producto o tal prestación de servicios. ¿Cuáles son, de entre los argumentos que he encontrado, los que podrían incitar al posible cliente a confiar en nuestro producto, en nuestra sociedad?»

La confianza tiene aquí un papel de revelador, es un punto de apoyo que permite levantar el globo de las indecisiones.

Supongamos que ya ha seleccionado una lista de argumentos prioritarios y otra de argumentos de menor importancia, pero que tampoco conviene descuidar. En esta fase de preparación de su argumentación debe aprenderse de memoria la lista de argumentos en general y, en una segunda fase, debe ser capaz de citar los argumentos que responden a cada uno de los ocho móviles de acción. Es un trabajo ingrato, pero necesario en la medida en que usted quiera convertirse en un excelente vendedor.

En cuanto a los defectos que ha transformado en argumentos positivos, también debe aprendérselos de memoria, y le aconsejo que se los guarde en la manga: le servirán para responder a las posibles objeciones que puedan surgir durante la argumentación y en determinadas ocasiones pueden ser utilizados para reforzar su credibilidad de la misma forma que los argumentos clásicos.

La preparación de una argumentación sólida debe tener en cuenta que no siempre tenemos la posibilidad de conocer los móviles de acción de los futuros compradores y en tal caso conviene preparar un plan de argumentación estándar.

El Plan de Argumentación Estándar (PAE)

Este plan es sobre todo una estructura de base, un esquema, una argumentación-tipo sobre la que podrá ir añadiendo argumentos a medida que vaya conociendo a su cliente. El PAE es un armazón ligero formado por argumentos impactantes, claros y precisos.

Empiece pronunciando una frase que capte la atención de su interlocutor. En general, le conviene que esta frase de toma de contacto justifique su visita, sobre todo si se trata de un cliente potencial.

Esta frase-choque, que debe despertar la atención, tiene que ser elaborada con mucho cuidado. Usted debe dar a entender que tiene poderosas razones para hacer esa visita.

Ejemplo: «Dicen que el tiempo es oro, pues bien, le aseguro que si me concede un momento no va a perder usted dinero, al contrario».

Ejemplo: «Hay pájaros del mal agüero. No se preocupe, yo le traigo buenas noticias...».

Puede elaborar diferentes frases a su manera y probarlas después sobre el terreno.

Vuelva a repasar su lista de argumentos. Elija los cuatro o cinco mejores. Alrededor de estos argumentos clave vaya construyendo su PAE.

Recuerde: su argumentación debe llevar implícita su respuesta a la pregunta «¿Por qué?». Ahora tiene que darle más fuerza a este argumento, adornarlo, para que pueda expresarse plenamente, y de ese modo su argumento será como una flecha que da directamente en el blanco previsto: convencer.

¿Cómo conseguirlo? Después del «¿Por qué? —Porque», saque la consecuencia directa que afecta al comprador, el «por ello».

Volvamos al argumento «mi aspirador es resistente, menos del 1 por ciento de nuestros clientes recurren a nuestro servicio posventa durante los dos años posteriores a la compra, *por ello*, tiene usted la garantía de que comprará un producto seguro y fiable».

Debe estructurar uno a uno sus cuatro o cinco argumentos de esta misma forma.

Si nos imaginamos estos razonamientos como si fueran las vigas maestras que sostienen el edificio de la argumentación, es necesario que los argumentos estén consolidados, trabados entre ellos. Además, a lo largo de esta fase usted debe mantener constantemente la atención de su interlocutor. La mejor manera de trabar los argumentos entre ellos y de asegurarse al mismo tiempo de que le siguen en su razonamiento, es una vez más hacerle una pregunta a su cliente, una pregunta a la que tenga que responder Sí.

Esta técnica obliga a su cliente a materializar lo evidente de su argumento y, sobre todo, evita con frecuencia la aparición de una eventual objeción que podría desequilibrar el conjunto de su argumentación si no está usted preparado para rebatirla.

Evidentemente, no es del todo necesario hacer una pregunta después de cada uno de los cuatro o cinco argumentos clave, pero si lo hace, puede estar casi seguro de que su cliente los retendrá.

Si utiliza el argumento «mi aspirador es resistente...», formule su argumentación de esa manera: «mi aspirador es resistente. Menos del 1 por ciento de nuestros clientes recurren a nuestro servicio posventa durante los dos años posteriores a la compra, por ello tiene usted la garantía de que comprará un producto seguro y fiable. Es lo que usted desea ¿Verdad?».

Respuesta: Sí

Proceda del mismo modo con cada uno de los dos o tres argumentos clave.

El PAE se articula de hecho de la forma siguiente:

— *Una frase con gancho*: debe captar la atención

de su interlocutor. Esta frase puede ir seguida, o no, por una definición muy sumaria del producto o de la prestación de servicio en venta. Esta definición no es siempre necesaria porque corre usted el riesgo de revelar demasiado pronto una parte de los argumentos que formulará más adelante y que, si están bien elegidos, contienen ya una descripción del objeto en venta.

— *Cuatro o cinco argumentos*: de entre ellos, dos o tres deben ser subrayados con una pregunta directa que obligue a la respuesta Sí.

Los argumentos deberán ser sostenidos con pruebas que materialicen en cierto modo lo que usted dice. El arte de utilizar estas pruebas será objeto de un capítulo titulado la «demostración».

— *La conclusión de la argumentación*, que estudiaremos posteriormente. En esta fase de preparación, usted ya tiene los elementos necesarios para enfrentarse a todas las situaciones.

Dos eventualidades que hay que tener en cuenta

El cliente conocido

Debe sacarle partido a esta situación y ajustar al máximo su argumentación.

Le propongo que actúe de la siguiente manera:

— compruebe su fichero personal y las notas que haya tomado durante las visitas anteriores.

— observe atentamente a su cliente cuando esté en situación de venta (¿cuáles son sus actitudes, sus manías, sus actos reflejos?).
— ¿Cómo organiza su espacio comercial? ¿Cómo ha distribuido su establecimiento? ¿Qué stocks tiene? ¿Tiene una buena rotación de stocks?
— ¿Cuál es su actitud respecto a sus allegados? (esposa o esposo, padres, hijos, amigos) ¿Y con sus empleados? ¿Y con la competencia?
— ¿Cuál es su posición en la ciudad? ¿Hace política? ¿Cuáles son sus hobbies favoritos?

Evidentemente no es necesario tener la capacidad deductiva de un Sherlock Holmes ni elaborar una auténtica ficha policial de su cliente, pero le resultaría de gran provecho poder alumbrar lo más rápidamente posible dos o tres móviles de acción. A partir de aquí, en la medida en que conozca perfectamente su esquema tipo de argumentación (o PAE), la elección de los dos o tres argumentos clave a utilizar dependerá de los móviles de acción descubiertos.

Un cliente nuevo

Antes que nada, si es usted un representante, deberá observar la situación del comercio en la ciudad y su situación respecto a los demás comercios del mismo ramo.

La observación inteligente de un escaparate quizá pueda ayudarle a descubrir uno o dos móviles de acción, según esté dispuesto con buen gusto o de una manera desaliñada, o por el contrario demasiado recargada, etcétera.

Intente sacar provecho de las observaciones realizadas antes de la entrevista, para poder preparar mejor la segunda visita, durante la cual su argumentación estará centrada más concretamente en los móviles de acción descubiertos.

Es obvio que si usted tiene en venta varios productos o prestaciones de servicio debe elaborar un plan de argumentación estándar y una lista de argumentos adaptados a los ocho móviles de acción para cada uno de sus productos.

8

La demostración, un arte que no hay que descuidar

Creo que una pequeña demostración es siempre preferible a una argumentación demasiado larga.

Al mismo tiempo, una argumentación no resulta eficaz si sus argumentos no son apoyados con una demostración de lo que está diciendo.

La demostración sirve para aportar las pruebas de que el producto o la prestación de servicio propuestos responden bien a los problemas del cliente.

A lo largo de su argumentación, usted formula argumentos, enumera cualidades. Es necesario «certificar», probar de forma concreta e irrefutable que esos argumentos no son palabras «que se lleva el viento». No hay mejor prueba que la de «hacer hablar al producto».

Los publicitarios ya lo saben: las impresiones que registramos nos llegan en un 85 por ciento por los ojos, en un 10 por ciento por los oídos, y en un 5 por ciento por los restantes sentidos.

No olvide eso.

El río no sería nada sin las riberas y diez mil palabras no son nada si no van reforzadas asimismo por la imagen.

La demostración es un elemento primordial en el arte de convencer, porque permite:

— facilitar la memorización (el cliente comprende mejor y recuerda durante más tiempo);
— fijar más fácilmente la atención y mantenerla durante toda la argumentación;
— evitar que lo que usted dice sea mal comprendido o malinterpretado;
— ganar tiempo;
— evitar objeciones.

El oficio de vendedor y el de actor tienen algunas analogías que sería vano ignorar.

De la misma manera que un buen actor llega a dar, en el escenario, una impresión de facilidad en su actuación, debido a la perfecta identificación con su personaje, un buen vendedor en plena demostración debe dar una impresión de naturalidad, de soltura, que no se consiguen sino mediante un duro trabajo de preparación. Dicho trabajo es a veces agotador, pero siempre rentable a largo plazo. Es preciso entrenarse siempre. No hay otra solución. Le aconsejo que al principio se entrene solo, y más tarde con sus allegados o amigos.

Una demostración eficaz debe ser cuidadosamente planificada.

¿Qué elementos puede utilizar?

— Su producto mismo, evidentemente (si es posible). Puede usted montarlo y desmontarlo total o parcialmente.
— Una muestra del objeto que se vende, fotos, planos, maquetas, diapositivas, folletos, fotocopias, cartas (de clientes satisfechos, por ejemplo, ocultando el nombre).
— Folletos, documentos técnicos, referencias de todo tipo, gráficos (que siempre resultan más explícitos que los porcentajes).
— Una pequeña pantalla en la que puede presentar vistas en colores (diapositivas 24/36) del producto, de la fábrica, etcétera.
— Un maletín de presentación que debe estar perfectamente limpio y ordenado. Le aconsejamos que adquiera un maletín de excelente calidad. No olvide que de entrada van a juzgarle por la apariencia y una maleta vieja o desgastada no inspira confianza.

(Un consejo: no lleve en la maleta más que los elementos que ha de utilizar durante la venta, nada de revistas, diarios o papeles personales.)

— Un magnetófono, en el que puede llevar grabados algunos aspectos técnicos, o incluso expresiones de satisfacción de otros clientes.

Los elementos de demostración deben utilizarse durante la argumentación, después de haber formulado cada razonamiento, o al menos después de cada argumento clave.

De este modo aportará la prueba que acredite lo que usted dice. Durante la demostración sitúese preferentemente al lado de su cliente. Si se sitúa enfrente, arrégleselas para que al manipular sus elementos de demostración, éstos resulten perfectamente visibles.

Su interlocutor debe observar lo que usted le enseña, pero mejor todavía es hacerle participar directamente. Por ejemplo, puede hacerle leer un determinado documento o invitarle a tomar notas para que compare las soluciones propuestas o hacerle examinar de cerca su producto.

Puede pedirle asimismo a su cliente que compruebe lo que usted le dice o que manipule su producto.

Si se presenta la ocasión y su producto se presta a ello, es conveniente recurrir a todos los sentidos de su cliente, haciéndole observar, escuchar, oler, tocar o incluso degustar.

Si usted está lo bastante entrenado, se mostrará natural y sin complejos, es decir convincente. Esto es fundamental.

Cuidado: es importante que conserve usted en todo momento el dominio de sí mismo, porque puede suceder que un cliente se apodere de un documento y le lleve a usted por caminos embarrados en los que podría resbalar fácilmente.

Un último consejo: aunque haya dedicado un máximo de tiempo a su entrenamiento, es mejor que limite a la simple eficacia las primeras demostraciones que haga en situación de venta.

En pura lógica, conciénciese de que sus primeros contactos con la realidad le servirán de trampolín para triunfar en las acciones de venta posteriores. Aprenda sin indulgencia de sus primeros errores y de sus fracasos: éste sigue siendo el mejor método para progresar rápidamente.

9

No tema las objeciones

SABER RECONOCER UNA OBJECIÓN

Los vendedores novatos o inexpertos prefieren entrevistarse con clientes «no contestatarios». Se equivocan. No sólo las objeciones forman parte de la venta, sino que incluso afirmo que es cien veces mejor tener que responder a un interlocutor que objeta que dialogar en una sola dirección con un cliente mudo. Desconfíe de la gente que no reacciona, suelen ser los que no compran.

El mismo hecho de que su cliente formule una objeción demuestra que se interesa por lo que usted ha dicho y frecuentemente lo único que quiere es que le convenzan antes de decidirse a comprar. Cuando se presenta una objeción, es como si se volcara un iceberg; sale a la luz la parte oculta: aproveche para contraatacar y vencer.

Es lógico que el pez atrapado en el anzuelo del pescador se defienda; resulta igualmente natural que el cliente reaccione así, puesto que tiene su amor propio, su libre albedrío, y quiere hacerlo notar. Un cliente no es una oveja que se deja llevar pasivamente al matadero; incluso cuando está convencido, se empeña en no parecerlo, en demostrar que es capaz de resistir la influencia del vendedor.

Encontramos dos tipos de objeciones:

— las objeciones reales o sinceras;

— las objeciones-pretexto, las «triquiñuelas».

Es evidente que solamente las objeciones reales o sinceras han de merecer nuestra atención, dando por supuesto que previamente es necesario descubrir y neutralizar las objeciones-pretexto, porque además, detrás de éstas pueden ocultarse objeciones perfectamente sinceras. Existe un sistema casi infalible que permite descubrir si se está tratando con uno u otro de estos tipos de objeción: la utilización astuta de la técnica del «¿Por qué?».

Uno de los «papás» de las técnicas de venta americanas, Bettger, afirmaba, con razón, que en la venta no hay palabra más importante que *«¿Por qué?»*.

Frente a una objeción cualquiera, cuando usted replica preguntando *«¿Por qué?»*, su interlocutor está obligado a descubrirse; va a tener que decir forzosamente más cosas para concretar sus ideas y, al hacerlo, fundamentará su punto de vista o por el contrario descubrirá usted enseguida que su objeción no tiene base. Sucede con frecuencia que quien formula una objeción no sabe que ésta es inconsistente y, a medida que va desvelando las razones que le han llevado a hacerle una observación, va dándose cuenta por sí mismo de que en realidad su objeción no tiene fundamento. Además, durante su explicación, es posible que el cliente le vaya proporcionando datos precisos que usted podrá utilizar durante su argumentación.

Como regla general, tenga en cuenta que las objeciones-pretexto (las «triquiñuelas») se manifiestan al principio de la entrevista o a veces al final de la argumentación, en el momento de concluir, mientras que las objeciones verdaderas y sinceras son formuladas durante la argumentación.

¿Qué actitudes adoptar?

Evite discutir

Le conviene dejar hablar a su interlocutor con el fin de utilizar en su propio provecho los argumentos que inconscientemente le vaya dando, pero también debe usted evitar que se avive la discusión. Me consta que resulta tentador exponer el propio punto de vista, demostrar que se tienen excelentes razones para llevarle la contraria a alguien que no es de su opinión, pero discutir es la mejor manera de darle importancia a una objeción, de acreditarla. En la medida en que usted discuta, su cliente tendrá la sensación de que quiere imponerle su forma de pensar.

No utilice tampoco un tono apremiante para negarle la razón a su cliente porque esto supondría reforzar su punto de vista y se encontraría a su pesar metido en una discusión interminable. Tratar de demostrar que se tiene razón es la forma más segura de perder una venta. Limítese a contestar brevemente, utilice frases precisas y concisas.

Escuche al cliente hasta el final, manifestándole su consideración

Recuerde el dicho: «Hablando queda uno bien a veces. Escuchando, se queda bien siempre». Es importante que su cliente tenga la impresión de que usted se toma sus observaciones en serio. En cuanto comience a poner objeciones, debe mirarlo fijamente a los ojos, si viene al caso afirmar con la cabeza, poner una expresión atenta y, sobre todo, no cortarle la palabra, porque es indispensable que su cliente vaya hasta el final de sus recriminaciones. En su fuero interno, el que plantea una objeción (si ésta es sincera) está convencido de que es fundada, de que tiene cierta consistencia. Tratar con desprecio su objeción es despreciarle a él personalmente. Debe demostrar respeto hacia su cliente, y evitar ofenderle con una actitud demasiado directa. Sobre todo debe decirle que le ha entendido o incluso, antes de rebatirle la objeción, comenzar con la fórmula siguiente: «si le he entendido bien, usted cree que...».

Conserve el dominio de la situación

En cuanto haya contestado a la objeción, no permita que su interlocutor se manifieste otra vez, vaya enlazando sus frases para volver a coger el hilo de su plan de argumentación. Seguro que a su cliente no le gustará demasiado sentirse desarmado y reaccionará en cuanto le dé usted ocasión. Sin embargo, para desarrollar su contraataque, necesita reflexionar, volver a ordenar sus ideas. Aproveche la ocasión: no vacile, reemprenda su argumentación con determinación y seguridad.

«Amaestre» las objeciones

No considere la objeción como una dificultad, al contrario, debe convencerse de que es una ayuda. Usted ya sabe lo difícil que resulta conducir cuando hay niebla. En cambio si usted circulara por una carretera con balizas luminosas a ambos lados, éstas le resultarían de gran ayuda. Lo mismo sucede con las objeciones. Recuerde que si su cliente no estuviera interesado no le pondría objeciones. Conocer las restricciones, los frenos que impiden a su cliente comprar, le proporcionará el sistema para poder actuar al respecto y conseguir con ello convencerle. Dicho esto, conviene ya estudiar las técnicas que le permitirán afrontar las objeciones en cualquier circunstancia y desviarlas de su objetivo para superarlas más fácilmente.

Existen diferentes técnicas para neutralizar las objeciones, aunque hemos de tener en cuenta que esta acción no constituye un fin en sí misma. Estas técnicas evitarán que le frenen en seco en pleno impulso, le permitirán por el contrario volver a coger el hilo de su argumentación y encaminarse hacia el objetivo propuesto: conseguir la venta.

Una técnica para neutralizar las objeciones viene a ser como un escudo que desvía la flecha, permitiendo así al que ataca proseguir el asalto.

Repito una vez más: aprenda a escuchar a su interlocutor hasta el final, aunque a veces resulte difícil, y responda entonces, después de elegir la técnica adecuada.

Técnica del espejo

La aplicación de esta técnica exige una cierta soltura. Para ponerla en práctica debe estar relajado, responder con voz tranquila y hablar muy bajo. La técnica del espejo consiste en volver a formular de una forma muy natural la objeción que le acaban de hacer. Así su interlocutor tomará conciencia realmente de sus propias palabras. Al mismo tiempo usted podrá descubrir si se trata de una objeción-pretexto o, si su cliente concreta su pensamiento y se explica un poco más, tendrá usted la ocasión de volver a tomar el hilo de su argumentación. He aquí un ejemplo:

— *El cliente*: «Su producto X es muy frágil».
— *Usted*: «Así que tiene usted la impresión de que mi producto es frágil».
— *El cliente*: «Sí. Si lo comparo con el producto Y que tiene fama de resistente, el suyo me parece más frágil».

En este momento puede usted formular argumentos que pongan de relieve las ventajas de su producto respecto a los de la competencia (técnica del contrapeso, por ejemplo) y «desinflar» de ese modo la objeción sobre la fragilidad de su producto.

Cuando utilice esta técnica, le aconsejo que empiece su respuesta con las fórmulas: «Así que tiene usted la impresión de que...». «De modo que usted piensa que...». «Si le he entendido bien, a usted le parece que...».

En el plano psicológico, esta técnica le permitirá desarmar a su cliente, que espera cualquier reacción por parte de usted, excepto la de ponerse de su lado. Además evitará con ella una discusión estéril y agotadora que de todas maneras debilitaría su posición. Por el contrario, ese método le permitirá volver a la carga con su plan de argumentación.

Técnica del espejo deformante

Es una variante de la anterior y exige todavía más soltura para practicarla. Si no la domina perfectamente, corre el peligro de bloquear el diálogo y de provocar reacciones difíciles de controlar. Sin embargo, vale la pena arriesgarse y le aseguro que de todas las que voy a proponerle es una de las más eficaces para conseguir darles la vuelta de modo espectacular a determinadas situaciones.

Consiste en volver a formular la objeción acentuando su contenido, deformándolo ligeramente, de modo que provoque en su interlocutor una reacción que le lleve a atenuar por su cuenta el efecto de su «objeción».

Ejemplo: «Su coche tiene fama de no ser muy cómodo».

Respuesta: «O sea, caballero, que usted cree que nuestros amortiguadores son totalmente ineficaces». (Debe afirmar esto último como algo evidente, nunca en tono interrogativo).

El cliente: «No es eso lo que quería decir. Además, para serle sincero, nunca he subido en uno de sus modelos».

A partir de aquí, usted tiene todas las facilidades para demostrarle que la fama de incomodidad está totalmente injustificada, haciéndole realizar una prueba a su cliente e indicándole que de uno de los modelos de la gama, que lleva los mismos amortiguadores, existe una versión ambulancia, lo cual es más que una referencia.

Si usted es capaz de modular de la forma apropiada la entonación de su voz, si sabe mantener la naturalidad en cualquier circunstancia y frenar su temperamento dinámico que le podría llevar a querer contrariar a su cliente cuando éste formula una objeción, entonces puede también utilizar una variante de la técnica del espejo deformante. En lugar de volver a formular la objeción acentuando o agravando su contenido, repítala, pero en términos más débiles, con lo cual ésta perderá virulencia y usted podrá enlazar rápidamente con su argumentación y volver a tomar la situación en sus manos.

Ejemplo: «Sus relojes de cuarzo no son estéticos».

Respuesta: «Ya veo que está usted un tanto sorprendido por la originalidad de nuestros cuadrantes, cuando de hecho esta estética poco convencional ha sido creada para hombres de acción como usted. No sólo su reloj le dará la hora con una notable precisión, sino que también le da la fecha, y las diferentes horas del mundo. Gracias a este reloj usted podrá saber la hora de varios países del planeta a la vez y además la alarma musical le recordará sus citas y le servirá de despertador...».

Técnica del judo

Esta técnica debe utilizarse cuando la objeción parece fundada o, como mínimo, cuando tenga usted la impresión de que su cliente está muy seguro de sí mismo.

Consiste en ir mostrando signos de aprobación, de ir en el sentido de su adversario, para desarmarlo hábilmente en el momento oportuno, como en las llaves de judo. Sorprendido de que sea usted de su misma opinión y manifiestamente halagado y feliz al ver que usted le toma en consideración, bajará la guardia, debilitará sus defensas y así podrá usted volver a tomar el hilo de su argumentación.

Ejemplo: «Su sierra mecánica es muy ruidosa».

Respuesta: «Tiene usted toda la razón del mundo al subrayar este hecho. Es algo que no nos había pasado desapercibido, al contrario. Claro que hubiéramos podido hacer un modelo mucho menos ruidoso, pero sabemos por experiencia que las sierras mecánicas son unas herramientas que pueden resultar peligrosas, por eso hemos querido que el ruido del motor le vaya recordando al usuario que tiene en sus manos un auxiliar que requiere su atención continuamente. El tigre no maúlla como el gato...».

Técnica del intercambio

Esta técnica tiene en común con la anterior el hecho de que sólo debe utilizarse cuando ya no queda ninguna otra solución, cuando la objeción formulada está fundada. Consiste en reconocerla, minimizándola si es posible, pero mostrando que, a cambio, las ventajas compensan ampliamente ese ligero inconveniente.

Ejemplo: «Su nueva pintura huele mal».

Respuesta: «Es cierto que nuestra pintura huele ligeramente, pero estará usted de acuerdo conmigo en que ese inconveniente, por otra parte de poca duración, puesto que seca rápidamente y el olor desaparece entonces por completo, queda ampliamente compensado por el hecho de que nuestra pintura es de una brillantez incomparable. ¡Y es tan barata! Tiene una duración muy superior a las de la competencia».

Técnica del silencio

En la venta, es importante no perder de vista que criticar o, peor aún, despreciar a la competencia no tiene sentido. Su futuro cliente puede haber utilizado los servicios de una firma de la competencia o, incluso, dando fe de ello con pruebas tangibles, demostrarle por ejemplo que un produto de la competencia es superior al suyo, o más resistente, más barato, etcétera. En tal caso, la única técnica adecuada es la del silencio, porque sin necesidad de citar al poeta «sólo el silencio es grande...» es cierto que su interlocutor espera que usted defienda su producto y refute su objeción; adoptando una actitud digna usted lo desarma y a veces él mismo refuta, o al menos atempera el contenido de sus palabras, a menudo exagerado.

Frente a una objeción semejante, debe usted sonreír, poner cara de entendido y declarar: «Permítame, señor, o señora, que no haga comentarios», o bien «sobre este punto en concreto, prefiero callarme». Su cliente comprende perfectamente que usted no tiene ninguna intención de denigrar a la competencia y que respeta su punto de vista. Usted ha callado, pero su silencio resulta elocuente. Ya verá cómo el mismo cliente que poco antes objetaba, va a llenar el silencio con palabras que le servirán a usted para volver a su argumentación.

Técnica de la lupa

Este método consiste en utilizar una lupa imaginaria para captar el interés de su cliente sobre un punto concreto y generalizar después con el conjunto del objeto en venta. Con ello la objeción perderá su identidad, su consistencia, su razón de ser.

Ejemplo: Está usted demostrando las cualidades de su último modelo de escopeta, cuando le objetan: «He oído decir que este tipo de escopeta se estropea fácilmente».

Respuesta: «Permítame que le llame la atención sobre este punto: fíjese en esta pieza que, como usted ya sabe, se llama extractor. El extractor actúa cada vez que se saca el casquillo del cañón del arma. Pues bien, hemos estado sometiendo a tortura a un extractor como éste en nuestros laboratorios. Durante el test de desgaste hemos hecho funcionar un extractor como éste cien mil veces a ritmo acelerado sin detectar el más mínimo signo de debilidad en la pieza. Créame, le garantizo su solidez. Nuestra escopeta está fabricada para durar mucho tiempo».

En ese caso ha fijado la atención de su cliente en un punto que tenía una relación directa con la objeción planteada. Pero cuando la objeción llegue demasiado pronto o si no ha sido formulada de modo intencionado, o también si usted cree que se trata de un pretexto para que no pueda seguir con su argumentación, le aconsejo que deje la respuesta para más tarde: «ya entiendo su problema, pero si me permite, quisiera enseñarle un punto concreto que debería interesarle particularmente».

Es muy difícil que la objeción reaparezca después de haber utilizado inteligentemente la técnica de la lupa.

Técnica de la honradez

Puede encontrarse frente a una objeción (técnica, por ejemplo) que le deje sin reacción. Esta situación puede resultarle provechosa más adelante, puesto que le hará conocer mejor su producto. En ese caso, sólo hay una solución: juegue la carta de la honradez, reconozca francamente que aquel punto en concreto supera su competencia, y que va a establecer contacto inmediatamente con su sociedad para obtener sin demora una respuesta a aquella observación tan pertinente. Es absolutamente imprescindible que su cliente obtenga una respuesta y entonces tiene usted todas las posibilidades de conseguir la venta a la visita siguiente, si no la ha conseguido en la última.

A MODO DE CONCLUSIÓN GENERAL

No olvide que estas diversas técnicas son sólo elementos de respuesta a las objeciones, no son más que unos medios eficaces para volver a sus planes de argumentación. Sin un fusil, la bala resulta un proyectil inofensivo. Sólo si se entrena seriamente, si se ejercita en manejarla en diferentes situaciones, las convertirá en auxiliares indispensables para el éxito, porque sin un buen tirador, tanto el fusil como la bala resultan inútiles.

10

Para desmitificar el problema del precio

El significado del precio

Si hay un problema con el cual se va a ver enfrentado continuamente el vendedor, éste es el del precio. Por ello le dedicamos un capítulo especial.

«Sí, su producto parece interesante, pero desgraciadamente es demasiado caro...» Cuando no se está preparado para afrontar esta objeción se pueden perder en un momento todos los esfuerzos realizados para concluir la venta.

La objeción del precio es para el cliente como el bastón para el ciego, su salvaguardia: esgrime el precio para protegerse, puesto que por descontado le duele desprenderse de su dinero, y es perfectamente consciente de que formulando la objeción del precio se sitúa en un terreno mucho más seguro que si mencionara una objeción técnica.

Como para cualquier otra objeción, conviene averiguar si se tratara de una «triquiñuela» o de una objeción auténtica. Bastará para ello utilizar sin más la técnica del «¿Por qué?». Evidentemente su cliente se verá obligado a descubrirse. Así usted podrá comprobar si se trata de una objeción-pretexto. En caso contrario, su cliente desarrollará la objeción (puesto que el problema del precio bloquea la realización de la venta) y usted podrá utilizar estas explicaciones para encontrar los argumentos que le permitan vencer sus reticencias.

Tomemos el caso en que la objeción sobre el precio es perfectamente sincera. Antes que nada, hay que tener en cuenta que el problema del precio se planteará prácticamente en cada entrevista con un cliente, excepto si es del dominio público que su producto es francamente más barato que la competencia con una calidad equivalente.

No hay que olvidar nunca que el precio es una noción subjetiva, teórica y sobre todo relativa. El precio no significa nada por sí mismo. Por eso no debe usted preocuparse por esa objeción. La noción de precio no significa nada si no es en relación a la calidad del artículo. La relatividad del precio es siempre indiscutible.

Decir que una docena de huevos a tal precio es cara es una estupidez antes de averiguar si se trata de huevos frescos del día, o de huevos de segunda categoría, huevos grandes o pequeños. Podríamos multiplicar los ejemplos hasta el infinito, pero antes que nada es importante que tome usted conciencia de que el problema del precio sólo se les plantea a quienes no están preparados para afrontarlo. Veamos las actitudes que hay que adoptar.

¿Cuándo hay que hablar del precio?

Existe una controversia entre los que pretenden que hay que revelar rápidamente el precio del producto o servicio propuesto y los que sostienen que siempre hay tiempo para desvelarlo.

Los primeros basan su razonamiento en el hecho de que al anunciar el precio al comienzo de la entrevista se evita uno cualquier objeción posterior sobre este último. Mostrando que no nos importa revelar el precio, nos colocamos en una situación de fuerza, puesto que los argumentos formulados a continuación tendrán más consistencia al quedar «iluminados» por la noción del precio. También es cierto que una argumentación no alcanza su pleno significado más que en el momento de ser cotejada con el factor precio: o bien este último es elevado con respecto a la competencia, y al anunciarlo pronto tendremos que formular los argumentos capaces de justificarlo, o bien nuestro precio es competitivo y en este caso lo podremos utilizar como argumento clave enlazándolo con unos cuantos más. En ambos casos conservamos el dominio de la situación.

En cambio los partidarios del otro sistema, que consiste en revelar el precio al final de la argumentación, o lo más tarde posible, sostienen que en ningún caso el factor precio puede servir de argumento o como mínimo creen que primero hay que persuadir, enumerar los méritos del objeto en venta, convencer al interlocutor antes de hablar del precio. De este modo, dicen, el cliente tomará conciencia de las auténticas cualidades de nuestro producto, y por ello aceptará con mucha más facilidad pagarlo a su justo valor.

Entonces, me dirá usted, ¿cuál es la mejor actitud? Aunque pueda parecerle una respuesta evasiva, creo que en este tema no hay reglas absolutas. Un buen vendedor que conozca perfectamente a su clientela puede adoptar con un cliente cicatero el primer método, cogiendo así al toro por los cuernos, sin darle la oportunidad de desarrollar su objeción favorita. Sin embargo, creo que el segundo método es el que mejor se adapta a la mayoría de situaciones, pero sólo si se cumplen estas tres condiciones:

- — ser lo bastante persuasivo para haber sabido crear en su cliente un auténtico deseo de comprar su producto;
- — no actuar nunca de modo que su cliente tenga la sensación de que está usted turbado por el precio del artículo en venta;
- — aprovechar el momento oportuno (cuando note que el deseo de compra está en su punto álgido) para anunciar el precio. Recoja la fruta cuando esté madura, ni antes ni después.

A veces sucede que el cliente insiste en conocer el precio desde el comienzo de la entrevista. En tal caso, es indispensable hacerle captar de entrada la noción de relatividad del mismo, con lo que conseguirá retrasar el momento de abordar realmente el factor precio. Me explico: usted responde de momento a su deseo «comprendo su interés por conocer nuestro precio y voy a contestarle francamente». A continuación oriente el interés del cliente hacia un punto específico (desplazando en cierto modo el polo de atracción). «¿Tiene usted previsto para su sociedad comprar en grandes cantidades, por unidades, por decenas? ¿Pagará usted al contado? ¿A treinta días? ¿A noventa días?» Además de relativizar la noción de precio, esta técnica permite entablar el diálogo y volver a su plan de argumentación previsto.

¿CÓMO HAY QUE HABLAR DEL PRECIO?

Las diferentes actitudes o reglas generales de las que voy a hablarle son las que deben aplicarse cuando su cliente recurra a la objeción del precio, cuando usted mismo decida abordar este tema.

En cualquiera de los dos casos: nada de evasivas, debe usted anunciar su precio con voz firme, bien timbrada, con una actitud general franca y directa. No cometa el error de citar el precio subrepticiamente, como si tuviera miedo de que le fuera a rebotar en plena cara. Si se muestra seguro de sí mismo, reducirá la fuerza de la objeción. Muchos vendedores caen en ese fallo psicológico, lo que les lleva a colocarse en una situación desfavorable a la hora de hablar del precio, porque su forma de actuar denota falta de dominio sobre sí mismos. No debe temerle a la frase: «¡me parece demasiado caro!»; al contrario, métase en la cabeza que cada vez que habla del precio su interlocutor le dirá que es demasiado caro.

Actitudes que conviene observar

Acostúmbrese a utilizar el adverbio «sólo» al anunciar su precio, excepto si su artículo es un producto de lujo o si utiliza el precio como argumento de venta. Al decir: «mi plancha sólo cuesta X pesetas», minimiza usted la noción de precio e insinúa la de la relatividad del mismo comparado con la calidad, tema que tratará más tarde.

En cuanto haya anunciado el precio, enlace inmediatamente con la explicación de las cualidades de su producto. *Nunca* debe decir el precio y quedarse callado. Un cliente que quiera objetar la simple noción de precio, se encontrará en una situación muy diferente cuando usted haya pasado revista a las cualidades de lo que vende y, sobre todo, de los beneficios que le reportará al comprador el producto o el objeto una vez lo posea.

Es importante hacer ver que la compra de un objeto no mengua en absoluto el capital del comprador. Éste sólo se saca el dinero del bolsillo para cambiarlo por un bien palpable, que con toda probabilidad va a aumentar de valor, mientras que al mismo tiempo el dinero ve disminuir el suyo continuamente debido a la inflación. Se trata de algo que salta a la vista, pero creo que no está de más comprobar si su cliente se ha dado perfecta cuenta de este aspecto de la cuestión.

Ya he mencionado antes la noción de la relatividad del precio. Es absolutamente necesario que explique esta relatividad. Si en un plato de la balanza dispone usted juiciosamente las cualidades, las ventajas de su producto, el factor utilidad, comprobará que el plato donde se halla el precio resultará con toda evidencia mucho más ligero. En su esfuerzo por relativizar el precio, no dude en citar ejemplos mencionando el precio de artículos conocidos por su calidad y que no sean del mismo sector que su producto. «¿Le parecería caro un vestido de Dior si yo se lo ofreciera al precio de un vestido de confección? ¿Y un Rolls-Royce, sería caro si yo se lo vendiera al precio de un coche medio nacional? ¿Por qué le parecerían estos artículos ridículamente baratos? Simplemente porque conoce la excelente reputación de que gozan estas marcas y sabe perfectamente que de hecho su precio habitual está en relación con el prestigio que tienen. Usted admite, pues, que un vestido de Dior no puede venderse al mismo precio que un vestido de serie, lo mismo que el Rolls-Royce. ¿Por qué razón mi producto no ha de merecerle la misma consideración, si yo creo que le he demostrado sus cualidades y sus ventajas, a un precio que además no resulta excesivo?»

Asimismo, aunque sea una técnica corriente, a veces vale la pena relativizar el precio de un artículo comparándolo con esos pequeños gastos cotidianos que todo el mundo admite de buen grado: tabaco, bebidas, gasolina para el coche, periódicos, etcétera.

En la medida en que su producto «se salga de lo corriente», relacione su precio con una noción de prestigio. Su cliente no dejará de sentirse halagado por pertenecer a un grupo privilegiado, a una élite que sabe para qué sirve el buen gusto.

Reglas generales

Algunas ideas no pueden ser consideradas estrictamente como técnicas para resolver el problema del precio, pero así y todo deben ser utilizadas de manera sistemática:

— si le vende su artículo a un comerciante, déle el precio al que él venderá el artículo y no su precio de compra;
— cite las condiciones especiales ligadas al precio (pagos a treinta días, a plazos, etc.);
— relativice la noción del precio del artículo hablando de sus posibilidades de amortización a lo largo del tiempo;
— si ello es factible, es importante que el cliente manipule el objeto, que lo pruebe. Esfuércese al máximo, porque el precio, lo

vuelvo a recordar, es una noción subjetiva.
— no acepte rebajar el precio, o bien justifique la rebaja como una circunstancia excepcional, porque rebajar el precio suele ser la mejor manera de devaluar su artículo. No lo olvide: sus cualidades justifican su precio. La situación es totalmente diferente cuando se trata de ventas comerciante-consumidor, en las que la práctica de descuentos, rebajas, liquidación de stocks, etcétera, son otros tantos medios para atraer al cliente y satisfacer la curiosidad de los buscadores de gangas. En este caso el precio es el motor del deseo;
— ponga de relieve el margen de beneficios;
— insinúe que el precio actual no será eterno, y que diferir la compra equivale a pagar más caro mañana;
— convénzase de que su producto es de calidad. Bueno, bonito y barato son conceptos incompatibles.

Y para acabar con este problema del precio, le aconsejo que tome un simple diccionario y lea la definición siguiente: *precio = relación de valor de un bien con otro bien.*

En realidad el problema del precio deja de existir en cuanto esta relación de valor es real. Si existe un desequilibrio, es usted quien debe conseguir que su cliente se dé cuenta de que la relación de valor no va en perjuicio suyo. Así, tendrá la sensación de haber invertido bien su dinero.

11

Métodos de venta particulares

La venta por teléfono

¿Qué vendedor puede actualmente prescindir del teléfono? Este moderno medio de comunicación no es siempre utilizado de forma eficaz por aquellos que han hecho de la venta su profesión. Las razones, a mi modo de ver, responden más a consideraciones de orden técnico: «No sabemos qué decir...», que a aprensiones del tipo: «Tengo miedo de molestar...». Algunos vendedores han de forzar su propia naturaleza antes de aventurarse en la venta por teléfono. Sin embargo tendrían que considerar que alguien puede llamarles por teléfono solicitando informaciones sobre un producto determinado, o contestando a un anuncio publicitario, por ejemplo, y en tal caso más vale mostrarse a la altura de las circunstancias. Según un estudio llevado a cabo por la agencia MacGraw Hill, las solicitudes de información por teléfono proceden de personas que tienen en mente una necesidad o una aplicación concreta. Un porcentaje considerable de ellas compran durante los seis meses posteriores a la solicitud de información.

Toda llamada telefónica es un cable tendido entre un cliente potencial y usted. Si procura mantener el contacto, conducir imperceptiblemente a su cliente hacia su propio terreno, lo tendrá pronto al alcance de su mano y aumentará así las posibilidades de concluir la venta.

Cuando un vendedor recibe una llamada telefónica, automáticamente debe tener presentes tres objetivos:

— presentarse correctamente precisando su función en la empresa;
— conocer lo más rápidamente posible el nombre, la dirección, el teléfono y la profesión de quien le llama;
— tratar de conseguir una cita.

A partir de ahí el marco de la «acción telefónica» propiamente dicha y de las diversas técnicas, son idénticas a las de la venta por teléfono provocada.

¿Por qué la venta por teléfono?

El término «venta por teléfono» no acaba de ser el apropiado, sería mejor hablar concretamente de «contacto telefónico», puesto que en realidad se trata de un acto de prospección, una especie de preludio de la venta, una toma de contacto cuya auténtica finalidad consiste en fijar una cita y conseguir la promesa de una entrevista durante la que nos esforzaremos para conseguir la venta.

La venta por teléfono le brinda la posibilidad de elegir entre sus clientes potenciales y de detectar de este modo a los que ofrezcan más posibilidades de ser convencidos en una entrevista posterior. Algunos sectores de actividad se prestan especialmente a este tipo de venta, por ejemplo las sociedades de inversión, inmobiliarias u otras, sociedades de crédito, compañías de seguros, sectores bancarios y publicitarios, etcétera.

Técnica de venta por teléfono

Las reglas que hay que observar.— No se puede improvisar una venta por teléfono. Después de consultar un fichero básico usted debe escribir un guión, en general bastan cuatro o cinco puntos de referencia: informaciones sobre su interlocutor, al que llamará siempre por su apellido, los objetivos concretos que pretende usted alcanzar a lo largo de esta comunicación y la entrada en materia, cuidadosamente redactada.

Sus frases deberán ser breves y libres de redundancias.

No olvide presentarse al principio de la conversación y cite el nombre de su sociedad.

Cuidado con el factor tiempo, hay que evitar que su interlocutor tenga la sensación de perder el suyo mientras le escucha, por ello procure tranquilizarle de inmediato: «Seré breve. Ya sé que para usted el tiempo es oro y no quisiera hacérselo perder».

No le extrañe si a veces le rechazan. Su mejor aliado es el respeto a los demás. El respeto, la deferencia, la cortesía son otras tantas barreras que le aseguran una protección respecto a la gente digna de interés.

Sea persistente. Tres, cuatro, cinco contactos infructuosos pueden ser seguidos por otros tantos éxitos.

Trabaje su herramienta principal para ese tipo de intervención: su voz. La voz ideal no es monocorde, sino segura, bien timbrada, flexible, expresiva, jovial. Aprenda a modular su entonación para dar relieve a sus palabras. Exprese sus argumentos clave con tanta fuerza y determinación como le sea posible. Procure articular cuidadosamente, destaque las palabras clave, module las partes más importantes de su discurso. Varíe el ritmo de su voz y aprenda a jugar con los silencios. El teléfono transmite perfectamente las emociones y muchas veces los silencios están cargados de significado. Procure crear lo más rápidamente posible un clima favorable con el fin de establecer una resonancia afectiva. Para acabar, se equivocaría usted si intentara disimular su acento, caso de tener alguno, porque supone una tarjeta de presentación con «sabor a comarca», y como decía el filósofo J.J. Rousseau: «El acento es el alma del discurso».

La táctica propiamente dicha.— La estrategia que debe adoptarse está en función de ciertas reglas que tienen que ver más con el sentido común que con métodos innovadores. Hay que tener en cuenta una serie de hechos comprobados y adaptarse a ellos. Antes de la llamada telefónica, el cliente eventual tiene unas soluciones que le son propias y, más importante todavía, él las considera las mejores y las más satisfactorias en aquel momento. Por otra parte, está demostrado que no se motiva nunca a un individuo de una forma duradera con móviles que no son los suyos propios. Deberá usted esforzarse para suscitar, para crear nuevas motivaciones y que su cliente las haga suyas.

La mejor táctica es la de los círculos concéntricos. De entrada sitúese usted en el gran círculo que materializa el campo de su interlocutor y después paulatinamente vaya llevándolo hacia el círculo interior en el que descubrirá su solución, la de usted se entiende, que vendrá a responder a una nueva necesidad creada por usted. En términos más sencillos, debe tener en cuenta las propias soluciones de su interlocutor: «Seguramente usted ya dispone de tal producto...» o «Ha adoptado usted esta solución para resolver tal problema...».

Hay que saber por qué su cliente se ha inclinado por estas soluciones. «¿Podría usted precisarme las razones personales que han motivado su decisión?» El mismo hecho de formular sus propias razones sitúa a su interlocutor en un terreno de menos desconfianza y le permitirá a usted captar mejor su personalidad. Dispone de poco tiempo, pero con un mínimo de entrenamiento, conseguirá descubrir los rasgos esenciales de una personalidad. ¿Es un conservador o un modernista? ¿Una persona inquieta o un ser seguro de sí mismo? Con suerte llegará a conocer algunas de sus aptitudes, experiencias, su formación, etcétera. Y los rasgos de carácter puestos de manifiesto durante esta fase de descubrimiento del cliente le permitirán abordar mejor la fase siguiente, aquella en que usted tendrá que hacer aparecer nuevas necesidades.

Crear una necesidad es hacer que nuestro cliente tome conciencia de que respetamos su criterio, pero que en algunas de las razones que ha mencionado, ha olvidado, despreciado, minimizado, ignorado ciertos elementos o, por el contrario, los ha ampliado, deformado o exagerado. De hecho esta táctica debe llevar al cliente a plantearse cuestiones esenciales:

— «¿Es mi solución realmente la mejor?»

— «¿Hago bien en utilizar tal producto, tal servicio?»

— «¿Si me ofrecen una solución diferente, no resultará después de todo más satisfactoria?»

Una vez haya hecho aparecer unos cuantos problemas en la mente del futuro cliente, el siguiente paso consiste en aprovechar esta desestabilización para preparar positivamente la argumentación. Ésta es la auténtica finalidad de una entrevista telefónica bien llevada. A veces resulta tentador enlazar esta fase de la conversación con la presentación del producto o del servicio que uno vende. Vale más conformarse con conseguir una cita. La conclusión de una venta exige la presencia física de los dos interlocutores.

Crear en la mente de alguien la conciencia de una necesidad tiene siempre una connotación afectiva, porque en realidad la necesidad se convierte en deseo. Si ha llevado bien la entrevista, además de las perspectivas positivas que presenta su solución, hará aparecer en su cliente la posibilidad de suprimirle una especie de frustración que se habrá ido instalando en su ánimo a medida que usted le iba evocando ciertos elementos minimizados, ignorados...

Le interesa exagerar el carácter de esos problemas porque en una entrevista posterior le permitirán llevar una argumentación más relajada, formulando paso a paso sus argumentos y haciéndolos responder punto por punto a los problemas planteados. Por descontado, resulta indispensable que tome notas de lo que le dice su interlocutor durante su primer contacto telefónico, ello le será de mucha utilidad en su primera entrevista. Así podrá demostrar fácilmente por qué el producto o el servicio que usted propone resulta deseable, puesto que es la mejor solución. Al tomar conciencia de los problemas que usted ha planteado por teléfono, el cliente se fijará más durante la entrevista posterior en las características de su producto y sobre todo percibirá mejor las ventajas y los beneficios consiguientes. Esto no es más que la persuasión por la confianza.

En la medida de sus posibilidades, conviene que intente establecer un puente entre su comunicación telefónica y la siguiente cita, por lo que le aconsejo que insinúe la posibilidad de prolongar esta comunicación mediante el envío de catálogos, cartas, folletos, dossiers técnicos, planos, etcétera. ¿Cómo estar seguro de haber logrado un buen contacto telefónico? Lo habrá conseguido si puede contestar *sí* a cualquiera de estas preguntas:

— ¿Ha manifestado su cliente el deseo de volverle a llamar?
— ¿Ha podido concertar una cita?
— ¿Le ha pedido informaciones complementarias?
— ¿Le ha proporcionado su cliente nombres y direcciones de personas susceptibles de estar interesadas por sus productos?

LA VENTA POR CATÁLOGO

¿Cuáles son las razones del éxito de este tipo de venta?

Este tipo de venta tiene bastante éxito y la facturación de las sociedades que la practican (firmas de muebles, juguetes, libros, horticultura, confección, etcétera) no deja de crecer. Eso puede parecer anacrónico si se tiene en cuenta el aumento de los medios de locomoción, y sobre todo el crecimiento constante del parque automovilístico. Quien más quien menos tiene actualmente la posibilidad de ir de compras a una gran ciudad, donde el número de tiendas y la implantación de hipermercados garantizan una gran diversidad de alternativas.

Si la venta por catálogo conserva su atractivo, principalmente en las capas medias de las regiones industriales y en el campo, es porque las motivaciones del cliente son intemporales (mejor sería hablar de «clientas», porque las mujeres son las que más compran por este sistema). Estas motivaciones emanan de lo más profundo de la personalidad. Sin contar las motivaciones puramente económicas (los productos vendidos por catálogo pasan por ser, con razón o sin ella, bastante más baratos) o las nociones de orden práctico (uno se ahorra trasladarse, lo cual supone ganar tiempo) o de tranquilidad (uno elige tranquilamente, sin temor a que venga a forzarle un vendedor insistente), existen dos instancias psicológicas fundamentales: la puesta en marcha de los procesos de identificación y de imaginación.

La señora Díaz se entera de que su catálogo ha llegado a la oficina de correos del pueblo. Va a buscarlo y en cuanto empieza a hojearlo, se activa su mecanismo de identificación. El deseo de comprar esa blusa o aquel vestido tan mono se hace tanto más intenso cuanto más fácil es identificarse con la encantadora modelo que realza la belleza de aquellos artículos. Si no hay razones mayores que vengan a frustrar el deseo de comprar, la señora Díaz hace su pedido y espera. En esta fase, el mecanismo de venta por catálogo tiene más aliciente que nunca. La espera del objeto deseado deja el campo libre a la imaginación. La señora Díaz se verá en sueños mil veces a sí misma con su vestido o su blusa y estará pendiente de la llegada del cartero, cada vez más impaciente. Me viene a la memoria una cita de uno de los más grandes filósofos franceses contemporáneos, Gustave Thibon: «No tengas prisa por hacer realidad tus ilusiones, pues en este mundo pocas son las venturas que vencen en pureza a la esperanza».

Incluso si a veces uno queda decepcionado en el momento de desenvolver el artículo (es la otra cara de la moneda de una naturaleza con la imaginación demasiado desbocada), ello no obsta para que mañana vuelva a ensimismarse con aquel mismo catálogo o con cualquier otro.

Basta hojear cualquier catálogo de los que editan las firmas tradicionales. Para apreciar los progresos realizados en el arte de atraer y de satisfacer a la clientela. Están concebidos para las mujeres, y a ellas dedican la mayor parte sin recato alguno. Más de la tercera parte de las páginas del catálogo (las primeras) están destinadas a la mujer, después vienen las páginas reservadas a los niños, al hombre, a la casa, al jardín, al coche, al bricolage y al ocio, con lo que queda cerrado el círculo.

Los catálogos son cada vez más voluminosos y ello es debido, naturalmente, a la cantidad de artículos expuestos, pero también a la cantidad de espacio reservada a la imagen. Las fotos a toda plana se multiplican. En el campo de la confección, muchas prendas (vestidos, trajes de chaqueta, abrigos) son presentados como modelo único en una página entera.

La belleza, la juventud, hacen vender. Las modelos son por ello presentadas en actitudes menos estáticas que antes, las poses subrayan el carácter de mujer activa, moderna, dinámica. Una sonrisa estudiada, un maquillaje bien cuidado, todo está ideado para despertar una expresión de satisfacción, de contagiosa alegría de vivir. Aconsejadas por hábiles publicistas, las firmas de venta por catálogo han comprendido que la vista se dirige hacia lo que más le impresiona, en este caso hacia la imagen-choque y el precio, que casi siempre aparece impreso en números enormes: cifras negras sobre un fondo claro.

El texto que acompaña a las fotos suele ser descriptivo y se refiere a las características del producto; a veces se nota la intención de destacar algún artículo y entonces se utiliza una serie de adjetivos que redondean la descripción: «esta falda sobria, elegante, le seducirá..., para las románticas, esta blusa bordada por manos delicadas...».

Las cartas adjuntas a los catálogos, o dirigidas posteriormente a la clientela, están redactadas según las modernas técnicas de venta, respondiendo a la necesidad que siente la mayoría de la gente de ser tomada en consideración. La era de los ordenadores permite actualmente enviar cartas personalizadas, encabezándolas por un «Apreciada señora Díaz», con el nombre bien destacado en mayúsculas. De ese modo cada una de las clientes tiene la sensación de ser conocida por la casa y de que la tienen en consideración. No se siente olvidada, y los numerosos «concursos», los sorteos, los descuentos, los regalos prometidos por cada pedido, no son sino otros tantos medios utilizados por las empresas para mantener el contacto con sus clientes.

No es mi intención juzgar estos sistemas. Por una parte, todo el mundo es dueño de expresar su libre albedrío según su entendimiento, y por otra, son las sociedades de venta por catálogo las que deben evitar la escalada en los «métodos de venta», haciendo gala de su discernimiento. El profesionalismo adquiere sus títulos de nobleza mediante la expresión del sentido común y de la autocensura.

¿Es posible mejorar el impacto de la venta por catálogo?

¿Es posible dar algunos consejos a los creadores de catálogos para que perfeccionen su producto? Existen dos aspectos que pueden ser mejorados: el texto y el color. El texto que acompaña a las fotos ganaría si fuera más claro, preciso y sencillo. Hay que elegir las palabras con cuidado, especialmente los adjetivos, procurando encontrar los que mejor se adapten al objetivo propuesto. Es mejor escribir los textos en minúscula, porque las mayúsculas son difíciles de leer, cansan la vista. Las frases han de ser cortas. Dejar un espacio entre los párrafos facilita la memorización. Si es posible vale más utilizar palabras cortas y sugerentes (una palabra de ocho letras se lee y se asimila en medio segundo). Cuando se está obligado a utilizar letras de diferente tamaño, hay que tener en cuenta que la vista se siente atraída por las más grandes, pero siempre en detrimento de las pequeñas y por lo tanto las palabras clave pueden ocultar las dos o tres siguientes.

La elección de los colores que ayudan a vender ha sido objeto de numerosos estudios. En general, las mujeres (que son mayoritariamente las destinatarias de la venta por catálogo) prefieren el color rojo (40 por ciento), seguido de violeta (20 por ciento), el azul, que apenas alcanza el 10 por ciento, y después el verde, el blanco, el naranja y el amarillo. Los hombres prefieren el azul (40 por ciento), seguido de lejos por el rojo. Sin entrar en los detalles de las encuestas, parece ser que la intensidad de los colores elementales, que son el azul, el amarillo y el rojo, tiene un impacto más directo sobre nuestro subconsciente. Algunos publicistas procuran contrastar estos colores entre ellos. A veces, para que expresen al máximo su poder impactante, oponen los colores elementales a sus complementarios: así el rojo toma su máxima tonalidad rodeado de verde o el azul rodeado de naranja. Se han realizado estudios más especializados, según la edad y las clases sociales. Parece demostrado, por ejemplo, que los niños prefieren los juguetes de color rojo. Aunque resulte sorprendente, este mismo color es el soporte ideal para los productos de alimentación. En el sector del equipamiento doméstico, los tonos intensos atraen a las personas de medios sociales modestos, mientras que los tonos claros y suaves están en boga entre las clases pudientes. Para acabar, una regla de oro que debe usted conocer: cuanta más capacidad tiene un objeto para reflejar la luz, mejor lo vemos, y a este respecto el poder de reflexión de blanco es máximo, a condición de que sea contrastado con el negro.

La venta por correspondencia

Es fundamental saber lo que se tiene entre manos

La venta por correspondencia exige a los que la practican (casas especializadas en la venta de vinos, enciclopedias, libros de arte, litografías, tapices, etcétera) mucha experiencia y mano izquierda. Es un sistema de venta relativamente caro y su éxito no está garantizado. Por esta razón muchas empresas dirigen una sola carta a sus posibles clientes, una carta que contiene adjunto un cupón de respuesta. Otros envían una primera carta cuyo objetivo es interesar al cliente, tentarlo para que rellene y envíe el cupón recortable para recibir información y una carta más personalizada. De ese modo se produce ya una primera selección y la sociedad puede así limitar sus gastos y al mismo tiempo abarcar mejor a su clientela potencial. En este capítulo estudiaremos las características y las técnicas de venta de una carta única enviada a una clientela potencial, ya que dichas técnicas pueden aplicarse igualmente a una o a varias cartas sucesivas.

Todo informe escrito debe someterse a ciertas reglas y con más razón una carta de venta por correspondencia, en la que la mediocridad resulta intolerable, y que no puede pasar inadvertida a sus destinatarios.

La noción más importante, a mi parecer, es que el texto debe tener un altísimo nivel de precisión y de evocación y, en la forma, debe ser completo, comprensible y claro.

Las frases serán preferentemente cortas y bien puntuadas. No dude en utilizar subtítulos, aligeran el texto. No debe permitirse ninguna falta de sintaxis o de ortografía. Tómese el tiempo necesario para elegir las palabras más apropiadas. Sea honesto, porque una carta de venta puede ser considerada como prueba por un tribunal en caso de querella. Cuide especialmente el principio y el final de su carta. No olvide mencionar su nombre debajo de su firma y cuando la carta esté acabada, antes de pasarla a máquina, léala en voz alta, apreciará mejor su contenido y tal vez pueda corregir alguna imperfección. ¿Cómo han de ser los textos, largos o cortos? Ésta es una cuestión que no está aclarada. Algunos publicistas americanos se inclinan por los textos largos, otros le dirán que un texto corto tiene más gancho y que hay menos peligro de desanimar al lector. Yo creo que no existen principios fundamentales, todo depende de lo que usted venda: ¿Se trata de un objeto de producción simple o bien compleja? ¿Es absolutamente nuevo, o similar a otros? ¿A qué clientela se dirige? El contenido del texto es fundamental, mientras que la noción de longitud es relativa. De hecho ningún texto resulta largo si es interesante. Cuando sea posible, no dude en imprimir una foto o un dibujo del producto que propone en su carta. Cuide la redacción de los cupones de respuesta: puede jugar una baza suplementaria diciendo que su producto sólo se fabrica en cantidad limitada o que el precio enunciado es una atención para aquellos clientes que respondan en un plazo determinado o también que se ofrece un descuento a quienes hagan el pedido a vuelta de correo. Todo esto le evitará que el cliente aplace su respuesta, lo cual es el sistema más seguro para que no conteste nunca.

Reglas fundamentales para redactar las cartas de venta por correspondencia

Existen muchos métodos, la mayoría de los cuales han visto la luz en Estados Unidos. Me limitaré a resumirle unas cuantas reglas ampliamente experimentadas y que se adaptan a la mayoría de productos o de servicios.

La más célebre apareció justo después de la Segunda Guerra Mundial y se llama *AIDA*. Es un método universal aplicado por casi todas las agencias de publicidad más importantes. *AIDA* significa *Atención-Interés-Deseo-Adquisición*. Concretando, un texto de venta debe:

— *Llamar la atención.* La carta debe ser original desde el principio. Hay cientos de maneras de conseguirlo, pero ésta es la que utilizo con más frecuencia: se trata de poner al lector en situación de responder a una evidencia. Supongamos que usted vende vino de calidad: «¿Se le ocurriría a usted alabar los méritos de un restaurante sin haber comido nunca en él? Seguro que no. Pues nosotros queremos que usted pruebe nuestro vino antes de decidirse a comprarlo. Envíenos el cupón adjunto a vuelta de correo y le haremos llegar una muestra gratuita».

— *Mantener el interés.* Debe encontrar palabras que causen impacto, argumentos fuertes que valoricen su producto. El capítulos que hemos dedicado en esta misma obra a la argumentación puede ayudarle a redactar esta parte de la carta.

— *Aguzar, estimular el deseo.* Hay que despertar en el lector las ganas de comprar, poner de manifiesto el interés de su producto, su utilidad, lo mucho que le facilitará la vida. Del mismo modo que en la venta por teléfono, déle a entender a su cliente que usted conoce bien sus problemas y que le propone la mejor solución para resolverlos.

— *Provocar la adquisición, la compra.* Ésta es la parte más delicada de la carta. Debe concebirse con mucho tacto, con mucha mano izquierda. Su objetivo: inspirar confianza, tranquilizar. La confianza es el motor indispensable de la venta. Su futuro cliente debe tener la mente serena; nunca se decidirá a comprar si en su mente anida la idea del riesgo. Háblele de la seriedad de su sociedad, explíquele que se le devolverá el dinero si no queda satisfecho. Especifíquele las ventajas de una decisión rápida. Mencione el hecho de que sólo hay un número limitado de unidades en venta.

Otro método concebido por el publicista americano Henry Hoke es la regla de las cuatro *P: Pintar — Prometer — Probar — Propulsar* (inducir). En primer lugar, hay que pintar o describir el producto y su utilidad de la forma más atractiva. A continuación se promete que todo lo que se ha dicho sobre el producto es cierto y que el cliente podrá comprobarlo al usarlo. Se demuestra que el producto cumple con su cometido mediante el testimonio de otros compradores, poniendo ejemplos concretos. Para acabar se induce, se fuerza la decisión de compra.

Una de mis técnicas favoritas se llama *DD PC*. También nos viene de los Estados Unidos y se basa en cuatro puntos fundamentales: D, cómo *dramatizar*. Presentar las cosas destacando los factores negativos, crear un clima dramático para captar la atención exponiendo hechos verídicos. «Cada vez causa más estragos la guerra comercial. Para las empresas que no quieren morir, invertir se ha convertido en una necesidad vital debido a la fuerte competencia internacional y a sus repercusiones locales...» Después debe usted exponer los méritos de su nueva máquina-herramienta que... D, cómo *describir*. Describa todos los detalles necesarios para que el lector se haga una idea perfecta del objeto en venta. P, cómo *persuadir*. Debe usted decidir cómo hacerlo. C, del verbo inglés *to clinch*, que significa: "desencadenar la venta".

Personalmente no he inventado nuevos métodos para escribir cartas comerciales, sin embargo quisiera aportar unos cuantos elementos sobre dos técnicas fácilmente aplicables a este tipo de venta y que podríamos incluir en una aproximación más general. La primera es la *«técnica de los contrastes»*. Un punto negro no se ve si está entre otros cientos sobre una página blanca, mientras que un solo punto negro en una página en blanco destaca perfectamente. Prepare un «fondo de acción» antes de formular sus argumentos. Si estos últimos evocan solidez, robustez, prepare primero un lecho de fragilidad, de debilidad, de peligro de rotura, mediante unas cuantas frases sugerentes y realistas. Utilizando esta técnica de contrastes conseguirá un efecto de sorpresa y sus argumentos ganarán en fuerza persuasiva.

La segunda técnica es la que yo llamo «el choque del lenguaje». De hecho, uno nunca escribe tal como habla. Por esa razón puede dar muy buen resultado poner un poco de vida en el estilo de una carta, darle un tono de autenticidad que tranquilice; en resumen, escribir tal como se habla en la vida cotidiana. Por ejemplo, usted vende una enciclopedia: «Hola ¿Qué tal? ¿No muy bien? Ya sé que hay días como hoy en que uno se levanta con mal pie, está espeso, se siente como una piltrafa. Claro, este tiempo plomizo, la circular de hacienda que acaba de llegar, la perspectiva de los embotellamientos, el trabajo..., son demasiadas cosas como para sentirse optimista. ¿Fatal? Pues sólo depende de usted que todo sea distinto. ¡Cambie sus ideas negras y píntelas de rosa! Miles de pájaros multicolores le están llamando, cientos de países misteriosos le desvelarán sus tesoros. Los pintores más famosos del mundo le harán admirar sus obras a domicilio. El túnel del tiempo le está esperando. ¡Que sí, que está usted despierto, que no está soñando! Esta magnífica enciclopedia nueva puede estar en su domicilio la semana que viene...».

Para acabar, si no le tienta ninguna de estas técnicas, ¿por qué no prueba usted a escribir una carta con su propio estilo? Siempre y cuando encuentre la manera de captar y fijar la atención, mantener el interés, despertar el deseo y darle a su futuro cliente auténticas razones para comprar sin tardanza, estoy seguro de que tendrá éxito. Es obvio que las técnicas de venta por correspondencia que acabo de explicar también son utilizadas por agencias de publicidad para elaborar sus textos publicitarios.

La venta en reuniones

¿Una técnica de venta con futuro?

Este tipo de venta lo practican algunas sociedades que venden productos de belleza, de mantenimiento, agencias de viajes, etcétera, pero sin duda la marca que más éxitos ha cosechado en este terreno es la conocida firma Tupperware. El principio es sencillo y eficaz, está basado sobre todo en un concepto de relaciones. Todo el territorio nacional queda perfectamente cuadriculado mediante un sistema de representantes, responsables de un sector de actividad. Los productos de la gama Tupperware, de uso doméstico, se dirigen exclusivamente a las mujeres. La representante elige a una persona, a la que llamaremos P, la cual invita a su casa a unas cuantas amigas suyas. Dichas amigas difícilmente declinarán la invitación, puesto que de hecho no desean contrariar a su amiga. Ésta es una de las ventajas nada desdeñable de este tipo de reuniones. Entre P, organizadora de la reunión, y la representante se establece una convivencia especial: a raíz de la reunión, P recibirá un regalo más o menos interesante según el éxito de aquélla. El ambiente es simpático, relajado, la reunión suele comenzar alrededor de una tarta elaborada por la anfitriona o la representante. Sobre una mesa se exhibe un muestrario de productos de la sociedad. La representante hablará de los artículos y demostrará la utilidad y las aplicaciones prácticas de cada uno de ellos. A continuación se reparten unas hojas de pedido y se invita a cada participante a marcar el artículo o los artículos que desea comprar. Una de las participantes será la anfitriona la próxima vez, la cadena se va alargando, entre otras razones porque la firma no deja de proponer artículos nuevos y originales. Los móviles de compra de las participantes a estas reuniones son fácilmente detectables, pero lo que condiciona en realidad el éxito de la reunión es, por encima de todo, el «clima» que se consigue crear en ellas. Las participantes se sienten felices al encontrarse entre amigas en un ambiente cálido y la perspectiva de intercambiar confidencias, de exhibir el vestido nuevo, de enterarse de los últimos chismes del pueblo, resulta altamente atractiva. En un grupo, los mecanismos psicológicos de compra juegan más con el «parecer» que con el «ser». ¿No resulta lo más natural del mundo querer mostrarse bajo su mejor aspecto? ¿No tenemos todos, en nuestro fuero interno, un profundo deseo de ser reconocidos, amados, valorados por los demás, de sentirnos seguros entre ellos? Evidentemente, uno aprecia el objeto en venta por sus cualidades propias. Puede ser útil, práctico, funcional, ingenioso, fiable, resistente y poco costoso, pero siempre queda un lugar en la mente para establecer una especie de analogía entre el valor, la importancia, el número de artículos comprados y la persona que los compra. De hecho, el deseo de comprar va ligado al deseo de que se sepa. No olvidemos que la decisión de compra se toma en presencia de las participantes a la reunión y por esa razón hay pocas probabilidades de que alguien abandone la reunión sin haber comprado.

Estas reuniones por afinidad constituyen grupos homogéneos, de posición social equivalente, lo cual facilita el trabajo del animador del grupo. El representante o la representante en cuestión debe reunir de entrada una serie de cualidades inherentes a su función, como simpatía, mano izquierda, don de gentes, sagacidad y también una formación básica de vendedor y un perfecto conocimiento de los productos de su sociedad. Además debe adquirir, si no lo ha hecho ya, unas nociones de psicología y de dinámica de grupos.

En un futuro próximo se intensificará la venta en reuniones. Creo que logrará sus títulos de nobleza gracias a la utilización racional de los medios audiovisuales y de la informática. Resultará más lógico reunir a unos cuantos panaderos en grupos de diez a veinte para presentarles las ventajas de un nuevo tipo de artesa o a los notarios para un sistema de archivo original o a los agricultores para mostrarles un nuevo herbicida selectivo, que visitarlos de uno en uno. Este tipo de reunión precisa de una organización impecable: elección de la fecha, el lugar, el marco, redacción atractiva de la carta de invitación, una preparación rigurosa y una animación dinámica y competente.

¿Qué espera el participante de una reunión?

— Cree que encontrará en la reunión algo que justifique el hecho de desplazarse hasta allí.
— Le apetece encontrarse con sus colegas.
— Quiere confrontar sus puntos de vista, que lo escuchen y que lo comprendan.
— Quiere ser valorado, respetado por sus palabras.

— Desea que el animador sea competente, simpático, receptivo a los problemas planteados.

Para animar a más gente a participar en las reuniones, es aconsejable reservar una parte de éstas para las informaciones complementarias: proyección de una película publicitaria o técnica, entrevista con clientes que ya utilizan el producto, proyección de diapositivas, utilización del binomio ordenador-televisión, etc. Esta entrada en materia puede ser el pretexto para lanzar el verdadero debate y preparar la presentación del producto.

¿Qué debe usted hacer para que sus reuniones tengan éxito?

No es mi intención pasar revista en esta obra a las técnicas para llevar una reunión a buen puerto. El lector puede encontrar en las librerías especializadas numerosas obras sobre este tema. Asimismo, existen sociedades de formación que organizan regularmente seminarios sobre esas técnicas. Una animación de reunión no se improvisa, hay que prepararla cuidadosamente. Es indispensable redactar por escrito una introducción y preparar unas cuantas preguntas concretas que permitan reanimar el debate frente a un grupo amorfo que pierde el interés o que por el contrario se sale del tema y se va por las ramas.

Es aconsejable trabajar con mucho cuidado la conclusión, subrayando los puntos fundamentales que deseamos sean recordados y motivando la participación activa del grupo. En cambio, me gustaría esbozar brevemente una serie de ideas aclarando, sin embargo, que todo vendedor de buen nivel debe procurar ampliarlas mediante la consulta de obras sobre este tema.

Está demostrado que sólo se puede vender en reuniones con grupos inferiores a veinte personas. El grupo ideal, por decirlo de algún modo, gira alrededor de las diez personas, porque resulta más fácil convencer a un grupo pequeño que a uno grande.

La psicología del conjunto de un grupo es diferente a la psicología de cada uno de los individuos que lo componen. Debe usted jugar con el factor afectividad: las emociones, las pasiones, los sentimientos, son las motivaciones que más fácilmente llegan al corazón de un grupo. El grupo «siente» más que «razona» y los estudios de dinámica de grupos han demostrado que la mejor manera de hacerse comprender por un grupo, y por lo tanto de persuadirlo, consiste en dirigirse a él con un lenguaje sencillo, desprovisto de intelectualismos y, sobre todo, lleno de imágenes. La comunicación con un grupo se establece a un nivel casi primario, y es usted quien debe adaptar a ese nivel su lenguaje, sus razonamientos y sus argumentos. Procure dar variedad a los centros de interés de su grupo, porque debe mantenerles la curiosidad siempre despierta, y por eso la utilización de soportes audiovisuales y concretamente de la televisión, suponen una ayuda de primer orden.

En su expresión oral, construya imágenes mentales, recurra a la asociación de ideas, a las analogías. Su auditorio las asimilará mejor, porque despiertan la mente y abren de par en par las puertas de la comprensión. Esta forma de actuar evitará que el grupo se distraiga enseguida, que se canse y sobre todo que comience a formular críticas, que son las manifestaciones más características de los grupos en la afirmación misma de su identidad. Si nota usted esas señales de alarma, haga una pausa o refúgiese en el humor. Llamar la atención de un grupo es una cosa, pero mantenerla es otra muy diferente, es muy difícil, es algo que nunca se puede dar por hecho. Debe observar esas reacciones e incluso tratar de anticiparse a ellas, identificándose con el grupo. Evite, por ejemplo, el uso del «yo»; vale más que diga: «Hemos comprendido..., cremos que...».

Sobre todo no complique su discurso. Al grupo le resulta imposible asimilar más de dos o tres ideas clave en una reunión. En cambio recuerde que los participantes desean sentirse valorados y reafirmados. Usted debe forzosamente responder a estos sentimientos y de este modo el grupo se sentirá satisfecho de sí mismo, puesto que tendrá la sensación de haber aprendido algo, es decir, de ser inteligente y esto es lo que le gusta. Para acabar no olvide que si consigue vender, no es porque sus clientes crean que usted les ha convencido, sino porque no tienen ninguna duda de que son ellos los que han encontrado buenas razones para comprar.

12

Cerrar bien la venta para conseguirla

¿Cuándo hay que cerrar la venta?

La decisión de compra es el resultado de un trabajo de preparación ingrato y casi siempre difícil. Es como la línea de llegada para el corredor de fondo. Menos prosaicamente, es la merecida recompensa del buen vendedor.

No hay un momento determinado para concluir, y es falso afirmar que el final de una venta se sitúa siempre al terminar la argumentación. A veces sucede que se cierra o concluye la venta antes de lo previsto y en tal caso no hay que argumentar más; hay que aprovechar el momento psicológico favorable para conseguir la decisión de compra. Del mismo modo, otras veces no tendrá más remedio que diferir la conclusión si nota que su cliente no está convencido.

Lo que debe dar por sentado es que un gran vendedor es aquel que menos se equivoca cuando tiene que determinar con exactitud el momento en que hay que concluir. Lo que también es cierto es que en ningún caso debe dejar que sea el cliente quien cierre la venta por su cuenta.

En el ruedo, el matador debe «sentir» si ha llegado el momento de dar la estocada, y del mismo modo, el buen vendedor, mediante la observación inteligente de su cliente, debe ser capaz de captar el instante más propicio para realizar la venta. Por desgracia, no hay reglas absolutas en esta materia. Ciertamente, la experiencia adquirida con la práctica es un factor básico, y también es cierto que hay vendedores más sensibles o más intuitivos que otros para captar este momento propicio y tan fugaz, pero ante todo debe usted estar atento, ser observador, un buen psicólogo. Sepa *ver y escuchar.*

La observación de la cara de su cliente durante la entrevista debe informarle sobre el grado de atención que manifiesta. Lo verá usted arrugar la frente, ponerse serio, reflexionar. ¿Se le marcan más los rasgos de la cara en un momento dado? ¿Afirma con la cabeza sin darse ni cuenta? ¿Presenta un rostro expresivo, móvil, animado o, por el contrario, adivina en él la incertidumbre, la indecisión? Hasta aquí todo es relativamente normal, pero en cuanto note un *cambio de expresión* en sus rasgos, en cuanto éstos se relajen y su rostro dé una impresión de paz, cuidado: debe sonar una campanilla en su cerebro; ha llegado el momento de cerrar la venta. Ya ha pasado la hora en que el cliente pesa los pros y los contras, duda, contemporiza, objeta, analiza o discute. En su fuero interno tal vez no sepa que está dispuesto a comprar, pero de hecho está ya de su parte, ya no lucha contra sí mismo, acepta la idea de concluir la compra. Sus ojos brillantes, los rasgos de su rostro repentinamente relajados reflejan perfectamente la paz interior que embarga su alma.

Sin embargo, vaya con cuidado, puesto que esos momentos duran poquísimo y son muy fugaces. Debe lanzarse sobre la brecha abierta y acentuar el desequilibrio mediante una táctica apropiada: cerrar la venta.

La observación de los rostros y de las actitudes del cliente no basta, también hay que saber escuchar. Fíjese especialmente en los cambios de tonalidad o de ritmo de la voz, sobre todo si este último se acelera.

Si tiene usted la impresión de que la convicción del cliente se fortalece, que participa de una manera más directa en la conversación, si a veces llega hasta recalcar sus argumentos, los de usted se entiende, avivando el fuego de la discusión o aportando por su cuenta nuevos argumentos, entonces puede estar seguro de que ha llegado el momento de cerrar la venta. ¿Está usted preparado?

Debe tener incrustada en lo más profundo de sí mismo esa voluntad de triunfar, de vencer, sin la cual las mejores disposiciones del mundo no son más que papel mojado. Debe estar determinado a vencer, lleno de entusiasmo. Es en el momento de cerrar la venta cuando ha de tener más fe que nunca en su producto. Este estado de gracia que lo embarga debe resultar visible para su interlocutor. El virus de su fe, de su entusiasmo ha de resultar contagioso y es indispensable que se lo contagie a su cliente. De todas formas, no caiga en el efecto contrario; procure no mostrarse demasiado febril o nervioso. Mantenga siempre un perfecto dominio de la situación.

En general, un vendedor seguro de sí mismo, que no vacila, que sabe captar el momento oportuno para forzar la decisión, que tiene la sensación de haber convencido realmente, que tiene por lo tanto las cualidades necesarias para concluir bien, debe saber además *cómo* concluir. El arte de concluir no se improvisa; existen técnicas apropiadas que han sido ampliamente experimentadas. Las consigno a continuación.

¿Cómo terminar?

Técnica del acuerdo

Esta técnica debe ser utilizada cuando esté usted bien seguro de que su cliente va a comprar. A partir de ese momento debe comportarse como si la venta ya estuviera realizada. Efectivamente, si considera que se ha llegado a un acuerdo y actúa en consecuencia (por ejemplo, sacando la libreta de pedidos, empezando a rellenarla o embalando el objeto en venta), el cliente que no esté totalmente convencido tendrá escrúpulos en desilusionarle.

Esta técnica exije en el vendedor un perfecto dominio de sí mismo, sobre todo es importantísimo no dejar que planee la mínima sombra de una duda sobre su determinación.

Cuando se utiliza esta técnica, hay que dejar de hablar y actúar con gran decisión y energía. Si su cliente, al verle rellenar la nota de pedido, protestara y le dijera que la venta no estaba cerrada debe usted mostrarse sorprendidísimo y argüir con toda su buena fe: «Lo siento mucho... Creía que estaba usted totalmente de acuerdo», y a continuación hacerle explicar a su cliente las razones que motivan su negativa. En este momento, puede adoptar dos soluciones: cambiar de método de conclusión y utilizar la técnica del contrapeso, por ejemplo, o bien volver a su argumentación, insistiendo en los argumentos que den idea de confianza en su producto y en su sociedad, porque probablemente lo que ha provocado la actitud negativa de su cliente ha sido la desconfianza.

Técnica del contrapeso

Esta técnica consiste en comparar, por una parte, las objeciones formuladas por su cliente y, por otra, las ventajas que ha defendido usted a lo largo de su argumentación. Después demuestre que sus ventajas tienen mucho más peso específico que los inconvenientes del cliente. Es muy importante que esta técnica del contrapeso se utilice bajo el signo de la objetividad; sólo así resultará eficaz.

Debe empezar por recapitular los inconvenientes y las objeciones sin darles demasiada importancia, le conviene incluso minimizarlos. A continuación, enumere con toda claridad y autoridad las ventajas de su producto, realzándolas y presentándolas de manera que el cliente descubra alguna evidencia que venza su indecisión.

Ya verá usted, además, como a veces un argumento o una ventaja sacados del contexto de la argumentación clásica adquieren más poder de convicción cuando se utiliza esta técnica. Finalmente, para poner mejor de manifiesto las ventajas, le aconsejo que las escriba en una hoja de papel delante de su cliente, siguiendo el principio de que lo que entra por la vista se entiende mejor.

Utilice esta técnica del contrapeso cuando note que su interlocutor duda, retrasa su decisión, parece volver sobre ciertos inconvenientes sin rechazar por ello sus argumentos o cuando haya fracasado ya en un primer intento de cercar la venta.

Técnica de la elección

Consiste en colocar a su cliente en situación de elegir entre dos soluciones para comprar su producto. Esta técnica, que es mi favorita, impide que el cliente considere la posibilidad de no comprar. En el plano psicológico hace que el vendedor confirme su dominio de la situación evitando a menudo perder el beneficio de una argumentación bien llevada en el momento de cerrar la venta.

Muchas veces he observado cómo ciertas dependientas de zapatería, después de haber explicado las cualidades del par de zapatos que la cliente ha visto en el escaparate, se quedan desconcertadas en el momento de cerrar la venta, por la sencilla razón de que son incapaces de enfrentarse a una objeción tan estúpida como ésta: «La verdad, estos zapatos no van tan bien como yo creía con la falda», o esta otra: «Parecían más bonitos en el escaparate», etcétera. Si la vendedora hubiera sabido espabilarse para crear una posibilidad de elección entre dos pares, habría conseguido la venta a pesar de todo o hubiera evitado perder un tiempo precioso argumentando otra vez. Esto es válido incluso cuando, al entrar en la tienda la cliente ya se ha decidido por un par en concreto.

Voy a explicarle esta historia verídica:

Una compañía norteamericana de restauración que se encargaba de la elaboración y distribución de comidas en una famosa universidad, veía su margen comercial seriamente mermado por el hecho de que el 80 por ciento de los estudiantes no tomaban postre. La compañía recurrió a una sociedad consultora de marketing, la cual envió a uno de sus colaboradores. Éste observó el proceso siguiente: los estudiantes estaban instalados en mesas de ocho plazas; la camarera les tomaba el pedido haciéndoles elegir entre las diferentes entradas y los diferentes segundos. Cada plato tenía su tarifa (un dólar la entrada, dos dólares el segundo). Aunque el conjunto de los estudiantes pedía un primero y un segundo, cuando a la hora del postre les preguntaban: «¿Querrán postre?», siempre salía algún estudiante que contestaba que no, siendo imitado inmediatamente por cinco o seis compañeros, y la escena se repetía en todas las mesas del refectorio. Se decidió remediar el problema utilizando la técnica de la elección. La Dirección dio instrucciones a las camareras para que a la hora de los postres hicieran esta pregunta: «¿Qué tomarán de postre, plátano o flan?» o bien «¿Tomarán pastel o un yogur?», etcétera. Automáticamente el número de estudiantes que no tomaban postre pasó a ser despreciable.

Con esta técnica el cliente no queda enfrentado a la alternativa «¿Lo toma o lo deja?», sino a una elección que en su formulación misma implica una decisión de compra. Así, en lugar de preguntar: «¿Cuántos quiere?», vale más decir: «¿Cómo lo quiere comprar, por unidades o por docenas?», o también «¿Me pagará en metálico o con un talón?», «¿Quiere usted nuestro modelo con cerradura automática o manual?», «¿Va usted a quedarse con nuestro producto con o sin accesorios?», «¿Quiere usted cinco cajas o cuatro?», «¿Se queda nuestro modelo estándar o el de alto acabado?», «¿Prefiere este color o aquel otro?»

Esta técnica de la elección tiene además la ventaja de que deja creer al cliente que es él quien toma la iniciativa de concluir la venta, cuando no es así; es usted el que domina la situación hasta el final.

Técnica del «algo más»

Si a lo largo de la argumentación tiene usted la sensación de que su cliente no le ha dado su acuerdo tácito, si lo sigue notando indeciso después de haber utilizado la técnica del contrapeso, por ejemplo, puede usted tratar de inclinar el fiel de la balanza a favor suyo desvelando en el último momento un «algo más», una ventaja que había ocultado hasta entonces. Esta técnica sólo es eficaz si ha sabido crear el efecto de sorpresa de este «algo más» que saca como último recurso. Veamos ahora la *naturaleza del «algo más»*:

— puede ser un argumento técnico de peso que usted se ha guardado de reserva;
— puede ser un descuento, un aplazamiento o unas condiciones de pago muy ventajosas que aplicará sólo a aquel cliente;
— puede revelarle de repente que le concede la exclusiva de su producto en una parte de la ciudad o en toda ella;
— puede incluso insinuarle que le interesa comprar hoy mismo, porque aunque sea un secreto profesional que debe guardar, no insiste usted por casualidad: «Hay rumores sobre una subida de precios inminente, no me haga decir más... A buen entendedor...».

Técnica de la última oportunidad

Cuando todas las demás técnicas han fracasado y su cliente no se decide, o peor todavía, ha formulado ya varios noes, el último de los cuales le parece bastante definitivo, le queda todavía la posibilidad de jugarse el todo por el todo. Colóquese frente a su cliente, mírelo directamente a los ojos, deje pasar unos segundos de silencio y entonces declare, con una voz en la que vibre una no fingida emoción: «Caballero, o señora, me dice usted que mi producto no le interesa y, sin embargo, yo le ruego que me haga este pedido».

Quédese otra vez en silencio. Después de esta frase, tiene que observar si se produce una vacilación en su interlocutor, quien, aunque haya dicho no, tal vez no esté totalmente decidido a rechazar su oferta. Si se produce la vacilación, continúe: «¿Cree usted que le pediría esto si no estuviera seguro de que le conviene, para su propio interés?»

Tendrá usted con frecuencia la agradable sorpresa de comprobar que, a fin de cuentas, el *no* de su cliente se ha transformado en un acuerdo que usted no esperaba ni por asomo unos momentos antes.

En realidad, mientras no se haya utilizado la técnica de la última oportunidad, no hay nada perdido, puesto que como dice la Biblia: «Llamad y se os abrirá». Lo importante es saber llamar en el momento adecuado.

¿Y si fracasa la técnica de la última oportunidad?, me preguntará usted. En tal caso, deberá resignarse y aprender de su fracaso. Sea un buen perdedor y despídase de su interlocutor con una sonrisa y buen humor: «A veces es difícil, pero resulta indispensable», fijando una cita para una nueva entrevista. Inspírese en el famoso «¡Volveré!» del general americano MacArthur cuando perdió una batalla en el Pacífico. «Caballero, o señora, no he conseguido convencerle esta vez, pero, créame, voy a hacer lo imposible para conseguirlo en mi próxima visita.»

Le daré un último consejo: cuando haya cerrado felizmente una venta, sea modesto en su triunfo; su cliente no debe tener la impresión, en ningún momento, de que ha sido derrotado al someterse a sus argumentos. Al contrario, déle la sensación de que es él quien ha razonado con inteligencia al tomar la decisión que mejor convenía a sus propios intereses. Si su cliente tiene la impresión de haber tomado la decisión por sí mismo, puede usted estar seguro de haber hecho un buen trabajo.

A modo de conclusión

Las aptitudes se heredan;
la habilidad se adquiere.

¿Basta con tener dotes naturales para triunfar en la carrera de vendedor? ¿Existen individuos con predisposiciones naturales que los sitúan automáticamente en el camino del éxito seguro? En parte, eso era cierto a principios de siglo. Hoy día las dotes, las aptitudes, las predisposiciones no bastan.

Para llegar a ser un gran vendedor, lo primero es conocerse bien a sí mismo, haberse imbuido profundamente en un deseo frenético por adquirir conocimientos y técnicas, por conservar durante toda su vida profesional un espíritu de aprendiz aplicado y concienzudo.

A los que creen que no tienen dotes naturales para vender, yo les respondo: usted posee capacidades reales, que deben ser reveladas y rentabilizadas. La seguridad, la confianza, la convicción, le llegarán a medida que aprenda el oficio.

Este libro pone en sus manos una serie de bazas que le darán el triunfo en su profesión. Son las que a continuación indicamos:

— Desarrollará al máximo su personalidad. Conseguirá pronto desenmarañar el ovillo de la comunicación entre individuos. Adquirirá un perfecto dominio del diálogo, teniendo en cuenta las actitudes de su cliente.
— Al mejorar el conocimento de sí mismo y de los demás, aprenderá a utilizar los mecanismos adecuados para decidir a los indecisos, a los clientes complicados, a aquellos que desorientan a los vendedores poco experimentados.
— Comprenderá mejor a los demás y sabrá valorar lo racional y lo irracional, lo consciente y lo inconsciente. La imaginación y la sugestión serán las llaves de su influencia.
— Como un buen artesano, elaborará una argumentación sólida, eficaz, dinámica, ilustrada, entusiasta y llena de impacto.
— Aprenderá, como un jardinero inteligente, el arte de trabajar el terreno antes de sembrar el grano. Hará brotar «el árbol de la necesidad» para recoger sus frutos.
— Las técnicas más fiables le permitirán superar fácilmente las dificultades planteadas por las objeciones o los problemas de precio.
— Los aspectos de la venta moderna enriquecerán su abanico de expresiones, porque son otras tantas ventanas abiertas al futuro.
— Concluir bien una venta es conseguirla. Aprendiendo los principios y las técnicas de conclusión, acrecentará considerablemente

sus éxitos comerciales y por lo tanto sus ingresos.

La simple lectura de este libro no bastará para transformar su vida profesional. Estoy convencido del buen funcionamiento de los consejos y técnicas contenidos en esta obra. Si usted también lo está, encontrará el valor suficiente para pasar a la acción. En tal caso, mañana será para usted un día diferente, el radiante amanecer de su éxito profesional.

«El éxito en la vida es el arte de aprender técnicas seguras para resolver problemas corrientes.»

Apéndice

Nociones de morfología y de morfopsicología

RUDIMENTOS

La morfología es el estudio de la forma exterior de los seres vivos. La psicología es el estudio de la mente, del pensamiento de los seres vivos. En cuanto a la morfopsicología, tiene como objeto el estudio de las correspondencias entre la psicología y las características morfológicas del hombre.

Gracias a la práctica de la morfopsicología, cuyos grandes principios son fruto de trabajos científicos controlados, un vendedor bien entrenado puede descubrir mediante la observación de las formas exteriores de los individuos las tendencias, las inclinaciones del alma humana, los sentimientos. Aprenderá rápidamente a aprovechar sus descubrimientos y a adaptar su argumentación en función de los rasgos de carácter puestos así de manifiesto. Si no vemos perfectamente el blanco, ¿dónde lanzaremos la flecha?

No creo necesario explicarle los méritos de la

morfología o de la morfopsicología, le bastará estudiar los principios básicos, ponerlos en práctica y se dará cuenta inmediatamente de su utilidad. Tampoco se trata en este libro de abordar un estudio exhaustivo de estas ciencias, ya que en realidad, al disponer de apenas veinte segundos para observar con toda atención a su cliente (evidentemente el momento ideal de observación es justo antes de la entrevista, mientras su cliente se dirige hacia usted o usted hacia él), le bastará con conocer las técnicas de morfología relativas al aspecto físico y psicológico de los individuos, así como las técnicas de morfopsicología relativas al estudio de los rostros observados de frente, puesto que ése es el caso más frecuente en situación de venta.

Clasificaremos a los individuos (hombres y mujeres) en tres categorías: O, U, I.

Los O

Físicamente. — Los O son redondos. Su silueta es un conjunto de curvas. Su piel es lisa, suave (aspecto de piel de bebé). Tienen el estómago prominente, una manera blanda de dar la mano. Su cuello es ancho y muy corto, con lo que parecen tener los hombros cuadrados y altos. Sus brazos y piernas son cortos y gordezuelos, sus manos carnosas. Tienen la cara redonda, con la parte inferior ancha, el lóbulo de las orejas carnoso, los ojos pequeños y los labios gruesos.

Psicológicamente. — Los O tienen una actitud

pesada, patosa, se mueven lentamente. De entrada despiertan una cierta simpatía, tienen una voz cálida, tranquila. A los O les gusta la buena mesa, necesitan un cierto confort, son serviciales, muy sociables, resultan excelentes vecinos. Los O son afables, amables y se confían fácilmente a los demás, de hecho necesitan a los demás. Tienen muchos amigos, y las puertas de sus casas están siempre abiertas. Durante la discusión, les encanta que les den la razón. A los O les gustan los niños, su compañía les resulta un gran placer. Son sentimentales. Unos cuantos arquetipos de O: Thomas Hardy, Carlos, Alfred Hitchcock,. Guillaume Apollinaire.

Los U

Físicamente. — Los U son cuadrados. Tienen un aspecto deportivo, el tórax bastante desarrollado, la cabeza cuadrada, la espalda ancha. Son lo que se dice gente de constitución vigorosa. Tienen el cuello largo, recto y musculoso, sin ser grueso. Tienen el rostro huesudo y sus ojos parecen hundidos en las órbitas bajo las cejas, horizontales y espesas. Su cabellera es densa, con los pelos hirsutos. La piel parece gruesa y granulada, tipo piel de naranja. En sus mejillas chupadas se dibuja la forma de los maxilares huesudos. Los labios son finos y la barbilla cuadrada sobresale del plano vertical del rostro, dando la impresión de fuerza y dinamismo. Las orejas tienen un aspecto apergaminado. Los brazos y las piernas son vigorosos, con articulaciones fuertes y prominentes. Los U son hombres y mujeres de acción.

Psicológicamente. — Los U dan la impresión de que no se van a dejar engañar. Tienen unos andares seguros, enérgicos, una mirada franca y directa, un apretón de manos vigoroso. Los U van erguidos, hablan alto y fuerte. Son valientes y su inteligencia es pragmática, concreta, se alimenta en las fuentes de la realidad. Los U son gente que va al grano, necesitan espacio para explayar su afán aventurero, quieren ser y llegar los primeros. Son deportistas, la competición les estimula. Tienen un carácter juvenil y les gusta la compañía de la juventud activa. A los U les gusta que se les vea, y en sociedad enseguida se hacen notar, incluso demasiado. Son de un carácter «entero», pueden ser egoístas pero nunca se compadecen de su propia suerte y, por descontado, todavía menos de la de los demás. Suelen ser suficientes y se vuelven agresivos en ciertas circunstancias de su vida; de hecho, necesitan sobre todo desahogar su exceso de vitalidad. Algunos ejemplos de U: John Wayne, Kirk Douglas, Ursula Andress, Jacques Chirac.

Los I

Físicamente. — Son del tipo rectilíneo, de aspecto seco y un tanto frágil. Llevando las cosas un poco lejos, se podría decir que son altos y desgarbados, de cuerpo filiforme y miembros largos. Su cabeza es más alta que ancha, frecuentemente ovalada, su cara triangular y muy expresiva. La piel tiene una apariencia diáfana, fina y seca. La frente suele ser despejada y abombada. Los I dan una impresión general de delgadez que no siempre está justificada. Tienen el cuello delgado y largo, el busto más bien estrecho, y los hombros caídos. Su cabello es fino y sedoso, sus orejas están separadas del cráneo. Tienen la barbilla más bien huidiza. Llevan la cabeza ligeramente adelantada con respecto al cuerpo, por lo que dan la sensación de ir un tanto inclinados hacia adelante.

Psicológicamente. — Los I tienen una apariencia reservada, dan muestras de comedimiento en sus palabras. Parecen enfáticos, aunque de hecho son de movimientos rápidos. Son unos ansiosos reflexivos. Su inteligencia se orienta hacia la abstracción. Pueden parecer más soñadores que realistas, pero su rostro, que suele estar en tensión, lleva las huellas de la reflexión.

A los I, que en general son introvertidos, inclinados hacia su propia intimidad, no les gusta confiarse a los demás. Se les nota a veces molestos en sociedad, incómodos en contacto con los demás, poco expansivos, llenos de manías y de escrúpulos.

Su afición hacia todo lo relacionado con las cosas espirituales, su intelectualismo se va afinando con la edad. Se sienten más atraídos por la gente con experiencia que por la juventud. Algunos tienen tendencia a vivir replegados sobre sí mismos. Algunos I célebres son el actor Serge Gainsbourg y la cantante Bárbara.

Estas clasificaciones en O, U, I, son arbitrarias. Con toda seguridad usted no va a encontrarse más que excepcionalmente con arquetipos de estas categorías. Lo más frecuente es que un individuo determinado se le aparezca como una combinación (algo de O, una tendencia de U, una dominante de I...). No lo dude: busque la dominante y actúe como si tuviera enfrente a un puro O, U o I.

Váyase entrenando a base de observar a la gente con la que se encuentre y deduzca rápidamente sus dominantes hasta que ello se convierta en un acto reflejo.

Cómo comportarse frente a los tres tipos de cliente

Clientes con dominante O

Sea caluroso, cordial, jovial. Sepa crear rápidamente un clima de simpatía, es necesario que su O se sienta a gusto. Personalice la entrevista de manera que su O tenga la impresión de que usted le aprecia, de que le considera en cierto modo un cliente privilegiado.

Diríjale preguntas que le permitan expresarse, manifestarse en un ambiente cálido y meridional. Déjele hablar, un O necesita desahogarse antes de escucharle.

A los O les encanta que se les den informaciones en exclusiva. Sobre todo no complique las cosas. Su argumentación debe ser sencilla, tranquila, llena de imágenes, vivaz. Evite los términos demasiado técnicos, las estadísticas, así como las demostraciones frías e impersonales.

Exprésese con el corazón.

Resumiendo: su actitud frente a un O debe definirse con una sola palabra: *simpatía.*

Cliente con dominante U

Con los U adopte una actitud directa y franca. Debe usted caerle bien de entrada. Mire a su cliente directamente a los ojos. Su apretón de manos debe ser firme y pronunciado. Nada de florituras con un U, vaya directamente al grano, pase a la acción, déjese de evasivas o de andarse por las ramas. Debe mantener la voz firme, bien timbrada (si conviene, hable más fuerte). Utilice frases cortas y densas. Vaya directamente a lo esencial. Debe mostrarse convencido, seguro de sí mismo y entusiasmado. Utilice una argumentación concreta, juegue con las motivaciones del orgullo y del instinto de poder que animan a los U. Ponga el acento sobre la novedad. A los U les gustan las primicias, no lo dude, hágales saber que son los primeros a quienes se les ofrece el producto. Sea muy preciso, no le dé demasiadas vueltas al asunto, los U no soportan ni el aburrimiento ni la pérdida de tiempo.

Frente a un U, uno se expresa con el cuerpo.

Resumiendo, su actitud debe definirse con una sola palabra: *dinamismo.*

Cliente con dominante I

Debe presentarse como un interlocutor serio. Su actitud general debe estar marcada por el comedimiento. Cree de entrada un ambiente tranquilo, propicio a la reflexión. Su voz será reposada, aunque no monocorde, evite las tonalidades demasiado acentuadas, salpique su discurso con momentos de silencio.

Su argumentación debe ser técnica, no deje de dar el máximo de precisiones, no olvide ningún detalle, vaya al fondo de las cosas. Procure conservar en cualquier circunstancia un perfecto dominio de la situación, es fundamental.

Esfuércese en darle seguridad a su I, nada de gestos o palabras bruscas. Mantenga una actitud tranquila, reflexiva, deferente. Evite los excesos de jovialidad. Moderación.

Frente a un I uno se expresa con la cabeza.

Resumiendo, su actitud debe definirse con una palabra: *seriedad.*

Estudio de los rostros vistos de frente

No es cuestión en este apartado de tratar el conjunto de la morfopsicología dedicada al estudio de los rostros, existen varias obras sobre ese tema. Me voy a limitar aquí, a aportarle unas cuantas nociones, ampliamente suficientes, pero no obstante necesarias para ayudarle en su profesión de vendedor.

La forma de la cabeza

Una cabeza francamente más alta que ancha (en forma de pan de azúcar) denota frecuentemente una naturaleza inclinada a la lógica, un individuo que sabe perfectamente lo que quiere, con la vida planificada. No hay lugar para la improvisación: ¡Método, método y sólo método!

Una cabeza aplastada y ancha denota una persona de mente cerrada, de ideas obtusas, impermeable a las sutilezas, generalmente sin ningún tipo de sensibilidad. Con ellos hay que evitar los razonamientos complicados.

Una cabeza especialmente desarrollada por la parte trasera del cráneo indica una mente inclinada hacia los conceptos abstractos y especulativos, siempre difícil de captar. Lo concreto y la lógica no representarán un salvoconducto para sus argumentos.

La frente

Si es estrecha, se encuentra usted frente a una persona primaria, de mente poco despierta, de ideas muy limitadas.

Una frente ancha, muy despejada, es la marca de un intelectual, de una mente inclinada hacia la reflexión. Procure evitar las discusiones demasiado complejas.

Las cejas

Sólo consideraremos la posición natural de las cejas en la medida en que al moverse reflejan actitudes y sentimientos. Por ejemplo, las cejas horizontales revelan a un ser equilibrado, que toca de pies a tierra, una persona armoniosa, de juicio acertado, ponderada, pragmática, un hombre o una mujer de acción con la mente lógica.

Las cejas caídas hacia fuera del rostro revelan una persona melancólica, derrotista, con tendencias pesimistas, fácilmente preocupada por nimiedades, de los que nunca «tirarán la casa por la ventana».

Las cejas netamente alzadas hacia el exterior del rostro son señal de personalidad conciliadora, optimista y alegre. Se puede confiar en ella.

Los ojos

¿Acaso no son el espejo del alma, como dijo el poeta? En lo que respecta a la venta nos interesaremos exclusivamente por la distancia que separa los ojos de la nariz: cuanto más grande sea esta distancia, más imaginación tendrá su cliente, mejor comprenderá un lenguaje florido y lleno de imágenes. Utilice a tope su capacidad de evocación y sepa que a los «imaginativos» les encantan las novedades. Por el contrario, los que tienen los ojos muy cerca de la nariz son de reacciones lentas, tendrá usted que llevarlos de la mano, hacerles comprender el porqué y el cómo de las cosas sin forzarlos, utilizando argumentos sencillos y concretos.

La nariz

Si es larga indica una persona de mucha vida, amante de los placeres terrenales, dotada de un claro instinto de posesión. Se trata de gente impulsiva que puede comprar por capricho, pero está dotada de una inteligencia despierta, aunque ello no signifique que haya que convencerlos por la razón.

Si la nariz es corta, revela frecuentemente a una persona astuta, que le buscará los tres pies al gato y además con una agilidad mental difícil de seguir.

Para acabar hay que hablar de dos tipos de individuos:

— Las personas de nariz aguileña suelen ser taciturnas, temerosas introvertidas, pero reflexivas. Nunca toman la decisión de comprar a la ligera.

— Las personas con la nariz respingona. Hay que desconfiar de ellas, porque frecuentemente le darán la vuelta a lo que usted les diga. Son insensibles a la lógica de su argumentación y le bombardearán con sus objeciones. Evite en la medida de lo posible que le arrastren hacia discusiones interminables de las que puede resultarle difícil salirse dignamente.

La boca

El sentido común popular ha convertido en lenguaje corriente expresiones del tipo «ser un bocazas», «tener mucho morro», «por la boca muere el pez», «se le va todo por la boca», etcétera. No hace falta ser un gran psicólogo para saber que una persona con las comisuras de los labios tiradas hacia abajo tendrá más bien inclinaciones melancólicas, un espíritu agrio y pesimista, mientras que las comisuras de los labios tiradas hacia arriba denotan una personalidad claramente optimista, que confiará en usted a la primera entrevista.

La barbilla

Cuando es ancha y cuadrada indica un carácter decidido, de buen temple, de naturaleza resuelta, de alguien que atraviesa la vida con objetivos concretos. Es el rasgo propio de los seres enérgicos, voluntariosos y dominantes. Cuando es estrecha o puntiaguda, suele tratarse de una persona agresiva, un espíritu tornadizo e incluso irascible.

Si tiene usted ocasión de observar a su cliente de perfil, sepa que un mentón huidizo indica una personalidad débil que en principio se deja convencer fácilmente, mientras que quien tiene la barbilla prominente suele ser una persona tenaz, un ser extraordinariamente activo, un «duro» en los negocios.

A lo largo de sus entrevistas con sus clientes, es posible que tenga usted ocasión de observar sus manos. Me limitaré a enunciarle algunos rasgos característicos de la forma de los dedos.

Los dedos afilados son propios de seres poco inclinados a la lógica y al racionalismo, más bien orientados hacia lo imaginario, amantes de las artes (poesía) y dotados de un notable sentido inventivo.

Los dedos cuadrados son propios de una persona ordenada, perfectamente organizada y reflexiva, atraída por la lógica: el perfecto modelo del espíritu cartesiano.

Los dedos en forma de espátula (con la punta más ancha que la primera falange) son propios de individuos con una necesidad imperiosa de derrocharse físicamente. Todos sus actos son francamente positivos, están seducidos por el aspecto material de las cosas, les gusta vivir en un ambiente confortable y cuando conversan sienten continuamente la tentación de exagerar, de «pasarse» para hacerse notar.

Unas últimas líneas con respecto a una forma especial del pulgar: un pulgar corto con la primera falange muy ancha y anormalmente corta indica a un individuo muy testarudo.

Todas estas nociones de morfopsicología, que han sido objeto de estudios científicos avanzadísimos, no son fiables al ciento por ciento. Le servirán de señal de alarma en su actividad de vendedor, para evitar dar pasos en falso.

Utilizándolas de modo adecuado, comprobará rápidamente que son una baza valiosísima en su juego y si la psicología es considerada con razón como el motor de la acción, la práctica de la morfopsicología es una de las herramientas fundamentales del buen vendedor.

Bibliografía

Borden, Richard, *Developing Your Sales Personality*, 1959.

Corman, Louis, *Nuevo manual de morfopsicología*, Marfil, Alcoy, 1970.

Chauchard, Paul, *Hipnosis y sugestión*, Oikos-Tau, Barcelona, 1971.

Gauquelin, M. y F., *Saber comunicarse*, Mensajero, Bilbao, 1982.

Hopkins, Tom, *La vente*, Éditions de l'Homme, 1983.

Lewin, Kurt, *Dinámica de la personalidad*, Morata, Madrid, 1973.

Richaudeau, François, *Los secretos de la comunicación eficaz*, Mensajero, Bilbao, 1976.

Saint Laurent, Raymond de, *L'imagination*, Éditions Aubanel, 1978.

Saint Mleux, Jean, *Les 100 règles d'or de la vente*, Desforges, 1979.

Whiting, Percy H., *Las cinco grandes reglas de la venta*, Omega, Barcelona, 1974.

Colección «AUTOAYUDA Y SUPERACIÓN»

Títulos publicados

Anónimo. Nueva guía de los hidratos de carbono
Atkins, Robert C. La dieta de la superenergía
— La revolución dietética
— La revolución nutritiva
Baer, J. y *Fensterheim, H.* No digas SÍ cuando quieras decir NO
— Viva sin temores
Barnard, Christiaan. Guía práctica para superar la artritis
Benson, Herbert. El efecto mente-cuerpo
— La relajación
Berne, Eric. Introducción al tratamiento de grupo
— ¿Qué dice usted después de decir Hola?
Bloomfield, Harold B. El síndrome de Aquiles
Brothers, Joyce. Cómo alcanzar sus objetivos con éxito
— La mujer, el amor y el matrimonio
— Lo que toda mujer debe saber sobre los hombres
Brusko, Marlene. Cómo convivir con un adolescente
Burton, Geneviève. La enfermera y la comunidad
Cannon-Yannotti, M. Las respuestas de los 9 meses
Conklin, R. Cómo hacer que la gente haga cosas
Coureau, Serge. Saber vender para vender más
Choon, Tan Poh. Manual de digitopuntura
Denniston y *MacWilliam.* El libro de la TM (Meditación Trascendental)
Dot, Odile. Agresividad y violencia en el niño y el adolescente
Dyer, W. Wayne. El cielo es el límite
— Evite ser utilizado
— ¡Felices Fiestas!
— La felicidad de nuestros hijos
— Los regalos de Eykis
— Técnicas efectivas de asesoramiento psicológico
— Tus zonas erróneas
Edelstem, Barbara. La salud de la mujer
Frank, Benjamín, S. La dieta contra el envejecimiento
Fromme, Allan. Más allá de los 60
Gare, F. y *Monica, H.* El libro de cocina de la dieta del Dr. Atkins
Gellman, M. y *Gage, D.* El cociente de confianza
Gillie, Oliver. ¿Quién cree usted que es?
Girodo, Michel. Cómo vencer la timidez
Harris, Thomas. Para estar siempre bien
— Yo estoy bien, tú estás bien
Hechinger, Grace. Alerta. niños

Irwin, Ann. Cómo vencer el tartamudeo
Kurland, H. D. Alivio rápido del dolor de cabeza sin medicamentos
Mannix Jeffrey. Método Mannix (Adelgazar sin dieta)
Mandino, Og. La elección
— Misión: ¡Éxito!
— El vendedor más grande del mundo
Moscovitz, Judy. La dieta del arroz
Ostrander, S. y *L.* Superaprendizaje
Paleiseul, Jean. Los dones del cielo y la tierra
Pritikin, Nathan. Manual Pritikin de pérdida permanente de peso
— El Programa Pritikin
Ratel, Richard y *Saglier.* Diccionario de la salud infantil
Reuben, D. y *B.* El libro de cocina de la dieta que salvará su vida
Rhodes, Rusell L. El hombre en forma
Ringer, Robert J. Sea el número 1
Rubin, Theodore Isaac. Supere la indecisión
Sehnert, Keith W. Cómo ser su propio médico
Smith, Manuel J. Cuando digo NO, me siento culpable
— Libérese de sus miedos
Sotis, Lina. Bon Ton
Stone, W. Clement. El sistema infalible para triunfar
— y *Hill, N.* La actitud mental positiva: un camino hacia el éxito
Sturgeon, W. Depresión
Tymowski, J. C. de. La otra medicina
Valenti, Jack. Aprenda a hablar en público
Weisinger, H. y *Lobsenz, N.* Nadie es perfecto
Witkin-Lanoil, Georgia. El estrés de la mujer

Esta obra, publicada por
EDICIONES GRIJALBO, S. A.,
terminóse de imprimir en los talleres
de Diagràfic, S. A., de Barcelona,
el día 21 de diciembre
de 1987